DÉVELOPPER SA MÉMOIRE
c'est facile

Gym Cerveau,
Livre de Poche pratique n° 7957
(Stock, 1987)

Croque Cerveau,
Livre de Poche n° 10011
(Stock, 1989)

Gym Cerveau, Objectif 100 ans,
Marabout
(Stock, 1995)

Guide pratique de prévention santé des plus de 50 ans,
Larousse, 1990.

Monique Le Poncin

DÉVELOPPER
SA MÉMOIRE
c'est facile

Préface du
professeur Christian Dérouesné
Neurologue

Illustrations
de Jean-Claude Denis

Albin Michel

Ouvrage publié sous la direction
de Laure Paoli

ISBN 2-226-09475-X
ISSN 0764-1257

À mon fils Christophe,
avenir de ma mémoire...

PRÉFACE

■

Avec *Gym Cerveau*, son best-seller, Monique Le Poncin proposait une méthode générale d'activation cérébrale. Son nouveau livre est plus directement axé sur la mémoire. Il s'agit d'un livre essentiellement pratique qui offre une véritable méthode à ceux qui veulent améliorer leurs performances mnésiques. Certes, dans ce livre aussi, Monique Le Poncin ne résiste pas à nous introduire dans le domaine expérimental qui a été à la base de ses réflexions. À partir des expériences qu'elle a menées pour sa thèse de sciences, elle nous rappelle que l'apprentissage et la mémorisation sont des phénomènes qui reposent sur des modifications cérébrales inscrites, certes, dans l'espace, mais surtout dans le temps. Elle en tire deux conclusions : la mémorisation nécessite un temps minimum et est grandement consolidée par le rappel de l'apprentissage. Récemment, le développement des techniques d'imagerie fonctionnelle cérébrale, tout particulièrement la caméra à positons, a permis d'établir, chez l'homme normal, que des régions différentes du cerveau interviennent dans la mémorisation et le rappel des informations selon leur ancienneté. Il reste néanmoins encore beaucoup d'inconnues sur la nature des traces et leurs bases biochimiques.

La seconde partie du livre nous montre, par des exemples concrets, que le fonctionnement de la mémoire peut être perturbé par des causes très diverses, parmi lesquelles les facteurs psychoaffectifs représentent un facteur dominant. Un double abord est alors essentiel : d'un côté, reconnaître l'origine psychoaffective et la traiter lorsque c'est possible, et, de l'autre, c'est l'objet de la troisième partie de ce livre, rétablir la gestion mentale par des techniques cognitives. Là encore, Monique Le Poncin souligne un fait essentiel : c'est souvent notre attitude face à notre fonctionnement cérébral qui détermine nos performances. Les techniques cognitives ont ainsi pour objectif, non seulement d'améliorer les performances par des procédés mnémotechniques, mais surtout de modifier une attitude négative vis-à-vis de nos possibilités. Cette partie montre également qu'il n'y a pas d'âge pour se plaindre de sa mémoire et qu'il est possible d'améliorer les performances de l'écolier, de l'étudiant comme du cadre ou du sujet âgé.

Beaucoup de prétendus oublis sont, en effet, en réalité des non-souvenirs. Lorsqu'on ne passe pas assez de temps sur l'information à mémoriser ou lorsqu'on est distrait par des faits extérieurs ou des pensées intérieures (idées dépressives, anxiété, sentiment d'inutilité, d'impuissance lié à une diminution de l'estime de soi), il n'est pas possible d'enregistrer correctement l'information, donc de la mémoriser et de la restituer. On ne retrouve que ce qu'on a rangé correctement. La clé des techniques de mémorisation, c'est l'organisation de l'information. On a comparé l'organisation des souvenirs à celle des livres d'une bibliothèque. Si l'on classe les volumes par leur taille ou la couleur de leur couverture, il sera difficile de retrouver le livre d'un auteur ou un volume consacré à un sujet précis. En revanche, leur classement par thèmes et, à l'intérieur du thème, par sous-thèmes ou par ordre alphabétique facilitera grandement la recherche ; il en est de même pour le fonctionnement de la mémoire : il est indispensable, lors de l'acquisition de l'information, de la coder avec des indices qui permettront de la retrouver aisément.

Il reste à savoir dans quel objectif s'inscrit le désir d'améliorer sa mémoire, la gymnastique de l'esprit comme celle du corps peut être dirigée vers le superficiel, sur le mode du culturisme, ou, plus profondément, sur le désir d'un fonctionnement plus harmonieux. C'est donc moins vers une amélioration des performances dans les tests ou exercices de mémoire que l'on doit tendre que vers un meilleur fonctionnement dans la vie quotidienne, en sachant que l'oubli est absolument nécessaire, qu'il est à la moitié de ce que l'ombre est au soleil, une « morne moitié ». Nul doute qu'à tous ceux qui veulent apprendre à mieux faire fonctionner leur esprit le livre de Monique Le Poncin apportera non seulement des méthodes techniques pour mieux mémoriser, mais une véritable réflexion philosophique sur la gestion mentale.

Christian DEROUESNÉ
Professeur à l'Université Paris VI
Chef de Service de Neurologie
Groupe hospitalier Pitié-Salpêtrière

■

Mémoire quand tu nous lâches... nous perdons notre passé et quelque part nos racines ; nous perdons aussi la sérénité de notre présent, dévorés par l'anxiété de ce que nous oublierons et l'exaspération de tout ce que nous oublions ; nous perdons enfin notre capacité de progression, d'évolution dans notre avenir.

Nous sommes plus de la moitié de la population à avouer que parfois notre mémoire nous fait défaut... Seulement 6% d'entre nous, si nous en croyons une enquête de la Sofres[1], prétendent ne jamais avoir de problème de mémoire !

Selon toujours la même enquête, nous penserions que ces défaillances de mémoire sont pour moitié dues à l'âge et pour moitié dues à l'angoisse générée par les stress quotidiens et le manque d'entraînement de notre mémoire car, par peur d'oublier, nous prenons l'habitude de tout noter...

Nous incriminerions beaucoup plus rarement le surmenage, la maladie, le manque de sommeil, la consommation excessive de médicaments, le tabac, l'alcool, voire l'hérédité...

En fait, si nous nous reportons aux résultats d'une autre enquête[2] effectuée à la même époque auprès de médecins généralistes sur plus de 4 000 patients de 15 à 85 ans, nous pouvons conclure qu'une mémoire efficace est le désir de tous, quels que soient l'âge, le sexe, l'activité, professionnelle ou non. Que nous soyons homme ou femme, en activité professionnelle ou non, c'est surtout après 50 ans que nous sommes amenés à nous plaindre de notre mémoire (fig. 1).

1. Sofres. Enquête juillet 1993.
2. Enquête Delalande, 1990.

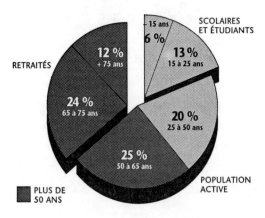

fig. 1 : Qui se plaint de sa mémoire ?

Notre plainte est la même : que nous ayons moins de 20 ans ou plus de 70 ans, nous accusons, outre la défaillance de notre mémoire, celle de notre concentration et de notre vigilance (fig. 2).

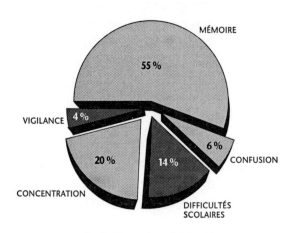

fig. 2 : De quoi se plaint-on ?

Ces problèmes de mémoire sont pratiquement aussi fréquents chez ceux d'entre nous qui doivent faire face à la maladie et chez ceux qui en sont indemnes (fig. 3).

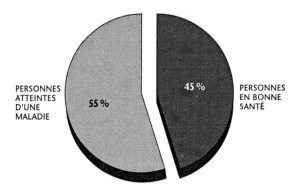

fig. 3 : Plainte de mémoire et maladie.

À l'inverse, ils semblent beaucoup plus présents chez ceux d'entre nous qui prennent des médicaments (64 % d'entre nous) et plus particulièrement des benzodiazépines ou des anticholinergiques (fig. 4).

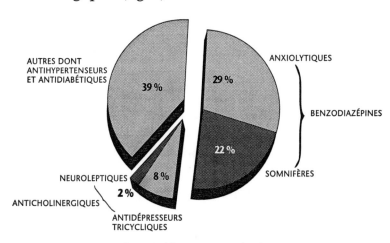

fig. 4 : Médicaments et mémoire.

Ces thérapeutiques, nécessaires par ailleurs, provoquent non seulement des troubles de l'attention et de la mémoire mais aussi une baisse importante de l'intérêt à l'information qui nous entoure, et un allongement du temps de réaction.

De nombreuses études expérimentales chez les rats ont mis en évidence cette diminution dramatique de la curiosité, voire de la motivation (fig. 5a et 5b).

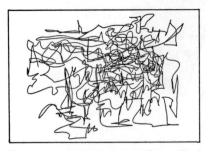 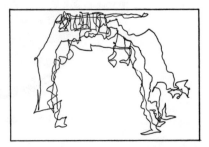

fig. 5a : Avant traitement par benzodiazé-pines les rats se déplacent énormément dans toute la cage pour explorer les objets insolites qui y ont été placés.

fig. 5b : Après traitement par benzodiazé-pines les rats se déplacent beaucoup moins et finissent par s'immobiliser dans un coin de la cage.

Devons-nous penser pour autant que les jeux sont faits et que notre mémoire, inévitablement, doit s'amenuiser au fil des ans ? Devons-nous nous résigner à perdre progressivement ce bien précieux qui embellit la vie ? Car enfin, avoir une excel-lente mémoire, c'est avoir le plaisir de se souvenir de son passé, mais aussi de l'histoire et de la culture de son pays, de ses voyages, de tout et de rien, de ces regards, de ces paroles qui, un jour, parfois, nous confortent dans notre désir de vivre le lendemain ! Et puis c'est aussi un outil de bonheur au quo-tidien : être serein en ne cherchant pas continuellement papiers, notes, noms, dates, adresses, que sais-je encore…; être pertinent en ne cherchant pas ses mots et en faisant des syn-thèses rapides de ce qui est lu ou entendu ; gagner du temps et donc en avoir pour se consacrer à soi – sport, loisirs – et aux siens en usant ainsi d'une disponibilité mentale qui permet l'écoute vers autrui et une réelle communication du plaisir à l'échange.

Être enfin content de soi en atteignant les différents objectifs, professionnels ou privés, que nous visons dans notre vie…, les concours aux grandes écoles, mais aussi, tout simplement, la pièce de théâtre que nous avons envie de jouer devant une salle remplie d'amis et de relations… En un mot, mieux vivre au quotidien et pour soi et pour les autres.

Le but essentiel de ce livre est de vous aider à construire ce confort de vie au travers d'une sérénité mentale où l'efficacité de la mémoire est un pion indispensable.

Utilisez-le comme un outil, un recueil de moyens pour atteindre cet objectif. Peut-être deviendra-t-il un conseiller fidèle, une sorte d'« éminence grise », et le témoin de votre réussite.

C'est ce que je lui souhaite et c'est aussi ce que je vous souhaite.

■

Faites le point de votre mémoire

■

FAITES LE POINT DE VOTRE MÉMOIRE

Vouloir améliorer sa mémoire, c'est d'abord faire un point objectif, mieux comprendre ses troubles et rechercher quelles en sont les causes.

Nous l'avons déjà vu, se plaindre de sa mémoire n'est pas l'apanage de la personne de plus de 50 ans. En réalité, la plainte de mémoire est aussi bien exprimée par des adolescents, surtout au moment des examens, que par des adultes jeunes ou âgés ; plus encore, les personnes adultes qui se plaignent de leur mémoire avouent que, jeunes, elles avaient déjà des problèmes de mémoire... Quelquefois, la plainte est légère alors qu'il existe un trouble important ; dans ce cas, ce sont les conjoints, les amis qui déplorent grandement des oublis. Quelquefois la plainte exprime un profond désarroi alors que les troubles sont mineurs et peuvent être assez facilement améliorés.

Le mieux est de vous poser quelques bonnes questions :
Mémorisez-vous facilement ce que vous venez d'entendre ou de lire ?
Avez-vous des trous de mémoire qui vous agacent ou même qui vous inquiètent ?
Faites donc le point en faisant les exercices et en répondant aux questions qui suivent.
Bien évidemment, essayez d'être très honnête et rapide.

Savez-vous immédiatement mémoriser ce que vous lisez ?

■ Exercice 1

Lisez une fois lentement cette liste de mots (donnez-vous 30 secondes). Fermez le livre et écrivez le maximum de mots dont vous vous souvenez en moins d'une minute.

Tambour	Violon	Baguette
Orange	Cheminée	Arbre
Chien	Campagne	Jambon
Coquelicot	Tisane	Notaire
Couteau	Céleri	Chasse

Savez-vous immédiatement mémoriser ce que vous entendez ?

■ Exercice 2

Faites-vous lire cette liste de mots ou enregistrez-la rapidement à raison d'un mot par seconde (environ) puis, quelque temps après, écoutez-la une fois. Ensuite, écrivez tous les mots dont vous vous souvenez en moins d'une minute.

Chardon	Pinson	Sous-bois
Truite	Bleuet	Poêle
Pensée	Torrent	Brindille
Doigt	Bouleau	Tête
Ortie	Regard	Chanson

21

Et maintenant regardez vos scores.

• **Si votre score est compris entre 5 et 9 mots sur 15** à l'exercice 1, vous avez raison de vouloir entraîner votre mémoire pour tout ce que vous lisez, et, à l'exercice 2, pour tout ce que vous entendez.
Très souvent, elle doit vous faire défaut et vous auriez intérêt à modifier votre technique de mémorisation.

• **Si votre score est inférieur à 5,** vous auriez intérêt à approfondir les raisons de vos insuffisances de mémoire.

Votre mémoire vous fait-elle défaut au quotidien?

(si c'est votre cas, cochez d'une croix)

■ **Questionnaire 1**

1. Il m'arrive assez souvent, chez moi ou à l'extérieur, de chercher où j'ai pu poser mes lunettes, mon stylo, mon carnet d'adresses, mon briquet, mon portefeuille, mes clés. √ ❏

2. Il peut m'arriver de retourner dans un magasin, au restaurant rechercher mon sac, mes gants, mon parapluie, mon écharpe, etc. ❏

3. Il m'arrive assez fréquemment d'oublier en cours de route les courses que je m'étais proposé de faire... la lettre à poster qui reste dans le sac ou le cartable, etc. ❏

4. En début d'année, il peut m'arriver de dater lettres, chèques... de l'année précédente. ❏ √

5. Lorsque je demande un numéro de téléphone aux renseignements il me faut aussitôt le noter, sous peine de l'oublier, même si j'ai l'intention de l'utiliser dans les minutes qui suivent. √ ❏ √

6. Il peut m'arriver d'oublier le numéro de ma carte Bleue, le code d'entrée de l'immeuble de mes amis, mon numéro de téléphone, le code antivol de ma voiture, etc. √ ❏ √

7. Il m'est déjà arrivé d'oublier la place de parking où j'avais garé ma voiture. √ ❏ √

23

8. Il peut m'arriver d'oublier la casserole sur le feu, ou de quitter mon domicile en oubliant d'éteindre la lumière, la chaîne hi-fi, la télévision ou la radio... ou encore en oubliant de fermer une fenêtre. Il peut même m'arriver de faire demi-tour pour vérifier si j'ai bien fermé la porte ou le gaz. ❏✓

9. Lorsque je pense à l'Europe ou que je dois aller à l'étranger, l'idée de devoir parler une langue autre que la mienne me crée une légère panique et un sentiment d'insécurité. ❏

10. Il peut m'arriver de ne plus très bien me souvenir au cours du mois d'un livre que j'ai lu, d'un film que j'ai vu ou même du bulletin d'informations entendu à la radio ou dans ma voiture. ✓❏✓

11. Il peut m'arriver de sucrer une boisson ou de saler un plat plusieurs fois. ❏

12. Assez souvent, j'ai des difficultés à lire les modes d'emploi de nouveaux appareils... magnétoscope, chaîne hi-fi, radioréveil, four programmable, etc., au point que je diffère parfois le moment où je vais essayer de m'en servir. ❏✓

13. Assez fréquemment, j'ai du mal à me souvenir des histoires drôles que l'on me raconte et j'oublie la réplique importante pour la chute..., bref! je dois m'excuser de l'approximation. ❏

14. Si quelqu'un me parle alors que je suis en train de lire, de calculer, je perds le fil et je dois faire un effort d'attention pour retrouver l'endroit où je m'étais arrêté(e), ou même relire tout le passage, ou reprendre le calcul, pour retrouver de bonnes conditions de compréhension. ❏

15. Il peut m'arriver de saluer quelqu'un dans la rue et, devant son étonnement, de m'apercevoir qu'en fait c'est une méprise. Il peut m'arriver aussi de ne plus me souvenir du nom ou du prénom de quelqu'un que je connais bien et depuis longtemps. ❏

16. Il m'arrive quelquefois de ne plus me souvenir d'un mot, pourtant usuel, du nom d'un objet courant, ou d'une expression courante, et de devoir le remplacer par un autre ou par une périphrase qui le décrit. ❏

17. Il m'arrive assez souvent de promettre à des amis, des collègues ou des fournisseurs de les rappeler, et de ne plus y penser... si ce n'est, trop tard, le soir ! ❏

18. Je me sens obligé(e) de noter mes rendez-vous, mes courses ou ce que je me suis promis de faire afin d'avoir l'esprit tranquille et d'être sûr(e) de ne pas oublier. ❏

19. Il peut m'arriver de chercher longuement le papier ou le dossier que j'avais pourtant bien rangé dans un endroit où je ne pouvais l'oublier. ❏

20. Lorsqu'on change mes habitudes, le code de ma porte d'entrée, mon numéro de téléphone, mon numéro de carte Bleue, le nom de jeune fille en nom de femme mariée de mes amies, j'ai quelques difficultés à m'habituer à la nouveauté et à la mémoriser. ☐

Et maintenant comptez vos réponses « oui ».

• **De 0 à 5 :** vous disposez d'une mémoire efficace au quotidien.

• **De 5 à 10 :** votre mémoire vous fait quelquefois défaut, mais vous avez construit de bons garde-fous.

• **De 10 à 15 :** vous avez une mémoire à « gags »… La vie ne doit pas être toujours facile !

• **Plus de 15 :** vous avez des difficultés importantes, il serait judicieux d'effectuer un bilan mémoire dans un centre spécialisé de mémoire[1].

---

1. Se reporter au guide IPSEN : *Mémoire, les consultations spécialisées*. Consultable chez votre médecin ou sur internet (WWW.memoire.ipsen.com).

Avez-vous des problèmes de distraction et de concentration ?

(si c'est votre cas, cochez d'une croix)

■ Questionnaire 2

1. Vous arrive-t-il de faire répéter ce qu'on vous dit ? ❏ √

2. Avez-vous du mal à vous concentrer ? ❏

3. Lorsque vous voyez, sans les entendre, deux personnes parler et que vous avez l'impression qu'elles parlent de vous, perdez-vous le fil de vos idées ? ❏

4. Avez-vous du mal à lire longtemps ? ❏

5. Vous arrive-t-il d'avoir la sensation visuelle d'étoiles, de mouches ou de grains de sable ? ❏

6. Vous arrive-t-il d'avoir des difficultés à lire ou à entendre des détails ? ❏

7. Vous arrive-t-il de fermer les yeux pour mieux vous concentrer ou mieux entendre ? ❏

8. Êtes-vous capable de suivre une conversation dans un milieu bruyant ? ❏

9. Avez-vous des maux de tête lorsque vous restez longtemps attentif à une tâche ? ❏

10. Arrivez-vous à vous concentrer lorsque vous avez l'impression de bourdonnements ou de sifflements dans l'oreille ? ❏

11. Avez-vous du mal à vous concentrer quand il y a de la lumière ou des bruits parasites ? ❏

12. Avez-vous l'impression que souvent votre esprit vagabonde au lieu de se concentrer sur ce que vous lisez ou entendez ? ❏ ✓

13. Êtes-vous capable de répondre à une question alors que vous êtes en train d'écouter la télévision ? ❏ ✓

14. Avez-vous des difficultés à vous initier aux prononciations des langues étrangères ? ❏

15. Avez-vous besoin du silence absolu autour de vous pour lire ou écouter quelque chose dont vous voulez vous souvenir ? ❏

Et maintenant comptez vos réponses « oui ».

• **De 0 à 5 :** rien de plus normal.

• **Plus de 5 :** vous gagneriez à effectuer un bilan dans un centre spécialisé de mémoire[1].

---

1. Se reporter au guide IPSEN : *Mémoire, les consultations spécialisées.* Consultable chez votre médecin ou sur internet (WWW.memoire.ipsen.com).

Avez-vous l'esprit libre lorsque vous voulez mémoriser ?

(si c'est votre cas, cochez d'une croix)

■ Questionnaire 3A

1. Je crains toujours le pire pour ma famille ou mes amis, l'accident sur la route, etc. ❏ ✓

2. Je panique facilement lorsque je dois faire quelque chose d'inhabituel, prendre la parole, recevoir des gens importants, etc. ❏ ✓

3. Je sens souvent mon cœur battre rapidement. ❏

4. J'ai souvent du mal à respirer, et je peux même avoir l'impression d'un nœud au fond de la gorge ou d'un poids sur la poitrine. ❏

5. Assez souvent, je suis préoccupé(e) par des pensées qui reviennent sans cesse. ❏ ✓

6. J'ai toujours l'impression de n'être pas à la hauteur des situations. ❏

7. Je ressens assez souvent des sensations de chaud, de froid et/ou des picotements, des fourmillements dans les doigts ou les orteils. ❏

8. Assez souvent, je me sens rougir et je peux avoir des sueurs suivies d'une sensation de froid. ❏

9. Quelquefois j'ai l'impression d'avoir un vertige et/ou des nausées. ❑

10. Le matin, j'ai l'impression de me réveiller fatigué(e). ❑

11. J'ai du mal à m'endormir. ❑

12. J'ai du mal à me rendormir. ❑

13. J'ai souvent l'impression de ne pas tenir en place. ❑ ✓

14. Je commence assez souvent quelque chose sans le terminer et j'entreprends autre chose. ❑

15. Je suis quelquefois (ou souvent) gêné(e) par des maux d'estomac et/ou des aigreurs. ❑

16. J'ai du mal à me concentrer sur une conversation. ❑

17. J'ai peur de ne pas réussir et je vérifie souvent ce que je fais : un plat qui cuit, une lettre que j'ai écrite, un formulaire que j'ai rempli, un mode d'emploi, etc. ❑

18. J'appréhende souvent demain. ❑

19. Je me réserve des marges de temps importantes si je dois prendre un avion, un train, aller au spectacle. ❑

20. Je sais ce que je veux dire et pourtant aucun son ne sort de ma bouche. ❑

■ **Questionnaire 3B**

1. Sans avoir de problèmes physiques ou économiques particuliers, j'ai renoncé à certaines activités que j'ai aimées. ❑

2. J'ai le sentiment d'être désormais inutile. ❑

3. Je désespère souvent de la situation présente en pensant que les autres ont plus de chance que moi. ❑

4. Je ressens souvent une perte d'intérêt pour les activités de loisirs. ❑ ✓

5. Je ressens souvent un manque d'entrain et une difficulté à engager une action quelle qu'elle soit. ❑ ✓

6. Je ressens un manque d'intérêt à m'habiller coquettement et d'une façon générale à soigner mon apparence physique. ❑ ✓

7. Je pense que je ne suis plus à la hauteur et que je n'arrive pas à faire ce que je veux, donc : à quoi bon ? ❑ ✓

8. Peu de choses m'intéressent. Je lis peu, j'écoute très distraitement les informations. ❑ ✓

9. Je ressens un profond sentiment d'échec de ma vie, au point de croire difficilement à l'avenir. ❏

10. La compagnie des enfants, des amis m'indiffère, voire m'agace, me fatigue. ❏

11. Je ne me sens bien que chez moi seul(e). ❏

12. Je n'ai le cœur à rien faire, juste à dormir, et encore! ❏

13. Je manque d'appétit. ❏

14. Il m'arrive souvent d'avoir envie de pleurer sans très bien savoir pourquoi. ❏

15. Il m'est difficile de prendre des décisions rapidement. ❏

16. Il m'est souvent difficile de me lever le matin. ❏

17. Je me sens très souvent fatigué(e) sans savoir pourquoi. ❏

18. Je réagis souvent de façon fataliste devant tout ce qui m'arrive. ❏

19. Très souvent je pense que ce serait mieux pour les autres si je disparaissais. ❏

20. Je suis souvent irritable et il suffit d'un rien pour m'agacer. ❏

Et maintenant comptez vos réponses « oui ».

• Si vous totalisez **10 points ou plus au questionnaire A**, vous révélez une tendance anxieuse, d'autant plus importante que votre score est élevé ; il serait judicieux de faire une démarche médicale.

• Si vous totalisez **10 points ou plus au questionnaire B**, vous révélez une tendance dépressive d'autant plus importante que votre score est élevé ; il serait opportun de faire une démarche médicale.

• Si votre score est élevé **(10 et plus) aux deux questionnaires,** la démarche médicale s'impose d'autant plus.

Avez-vous des problèmes importants de mémoire ?

(si c'est votre cas, cochez d'une croix)

■ Questionnaire 4

1. Avez-vous des difficultés pour dire votre âge ? ❏

2. Avez-vous des difficultés pour dire votre date de naissance ? ❏

3. Avez-vous l'impression que vous avez du mal à vous exprimer et que souvent vous avez le mot sur le bout de la langue ? ✓ ❏ ✓

4. Avez-vous des difficultés pour dire exactement, de tête, combien font exactement $(100-7)$; $(93-7)$; $(86-7)$? ❏

5. Après avoir lu ces trois mots : citron, clé, ballon, sans les regarder, répétez-les. Vous manque-t-il un ou deux mots ou même les trois ? ❏

6. Vous arrive-t-il souvent d'entrer dans une pièce et de ne plus savoir ce que vous veniez y chercher ? ✓ ❏ ✓

7. Avez-vous des difficultés à dire quelle heure vous voyez à votre montre ? ❏

8. Avez-vous des difficultés à vérifier la monnaie que l'on vous rend ? ❏

9. Sans regarder ci-dessus (question 5), avez-vous des difficultés pour retrouver les trois mots qu'il fallait répéter ? ❑

10. Vous arrive-t-il **souvent** de ne plus savoir où vous avez rangé des objets usuels ? ❑

11. Vous arrive-t-il d'oublier un itinéraire que vous connaissez pourtant bien ? ❑

12. Vous arrive-t-il **souvent** de répéter plusieurs fois la même chose parce que vous avez oublié que vous l'aviez déjà dite ? ❑

13. Vous arrive-t-il d'acheter plusieurs fois la même chose parce que vous aviez oublié l'avoir déjà achetée ? ❑

14. Vous arrive-t-il d'oublier la date à laquelle nous sommes, et si oui, après un effort de réflexion, vous arrive-t-il de ne pas la retrouver ? ❑

15. Vos difficultés de mémoire vous empêchent-elles de faire certaines choses dans la vie au quotidien ? ❑

16. Vous arrive-t-il souvent d'oublier ce que les gens viennent de vous dire ? ❑

17. Avez-vous des difficultés à apprendre des choses nouvelles, par exemple les nouvelles numérotations téléphoniques, les nouvelles monnaies ? ❑

18. Avez-vous des difficultés à gérer vous-même vos obligations financières (loyer, impôts, factures diverses)? ❏

19. Avez-vous des difficultés pour retrouver les trois mots que vous avez répétés précédemment (question 5)? ❏

20. Avez-vous des difficultés à vous souvenir des dates des anniversaires des personnes qui vous sont chères: enfants, conjoint, frères, sœurs, parents? ❏

Et maintenant comptez vos réponses « oui ».

• **Si vous totalisez 10 points ou plus,** il serait bon de faire un bilan d'efficience cognitive et mnésique et de consulter un spécialiste neurologue ou un centre mémoire[1].

Et maintenant, après avoir regardé vos résultats à ces quatre questionnaires, faites un point objectif sur votre efficacité cérébrale, vos réussites et vos contrariétés, voire vos insuffisances… Si votre inquiétude se vérifie, faites les démarches qui s'imposent. N'oubliez pas que les troubles de mémoire, s'ils sont dans 75 % des cas réversibles, peuvent aussi être le signal d'un problème cérébral dont la prise en charge précoce permettra toujours le meilleur pronostic pour l'avenir.

---

1. Se reporter au guide IPSEN : *Mémoire, les consultations spécialisées*. Consultable chez votre médecin ou sur internet (WWW.memoire.ipsen.com).

Que dire des troubles de mémoire ?

En fait, on peut classer en deux grands groupes les troubles de mémoire :
• Ceux qui sont d'origine fonctionnelle, psychologique ou non.
• Ceux qui sont d'origine organique, c'est-à-dire qui sont la manifestation d'une maladie cérébrale.

■ Les troubles de mémoire d'origine fonctionnelle

Des troubles complètement réversibles

Leur existence est toujours due à l'absence d'utilisation de techniques efficaces de mémorisation et d'apprentissage.
Ces troubles sont souvent augmentés par des **troubles de perception** (problèmes de vision et/ou d'audition) et des **troubles de l'attention**. Ces troubles de l'attention peuvent avoir plusieurs origines : fatigabilité générale, distraction, prise de médicaments ou d'excitants, problèmes psychologiques (anxiété, dépression, démotivation), préoccupations positives (être amoureux...) ou négatives (peur d'échouer à un examen, peur de l'accident d'un enfant...) ou enfin problèmes d'ordre psychiatrique (tendance névrotique, obsessionnelle...). Il est possible de mesurer l'effet de ces troubles sur une performance de mémoire en plaçant les sujets, quel que soit leur âge, en situation de test.

Le test des 15 mots de Rey

Les personnes écoutent une liste de 15 mots et doivent aussitôt après redonner tous les mots dont elles se souviennent, quel que soit l'ordre de restitution. On obtient un score qui correspond à leur **capacité de mémoire immédiate** : c'est le premier essai.

Le score habituel d'une mémoire banale, caractérisée avec des problèmes fréquents de mémoire au quotidien, est de 5 à 9 mots mémorisés ; de 10 à 13, on bénéficie d'une mémoire optimisée qui suscite chez les autres une certaine envie : « Quelle mémoire il a ! »

Puis, elles écoutent une deuxième fois, une troisième, une quatrième et une cinquième fois la même liste ; après chaque écoute, sans regarder ce qu'elles ont déjà écrit, elles redonnent l'ensemble des mots mémorisés.

On obtient pour chaque essai (deuxième, troisième, quatrième et cinquième essai) un score qui correspond à la capacité d'acquisition et de capitalisation des acquis : il s'agit de la **capacité de la mémoire d'apprentissage**.

Pour des sujets souffrant de l'un des troubles de l'attention mentionnés dans l'avant-propos, et quel que soit leur âge, on observe une baisse, parfois même importante, de l'efficacité des capacités d'apprentissage et donc de la mémoire.

Lorsque ces sujets pratiquent un entraînement technique, appelé PNMC[1], en quatre séances d'une heure

---

1. PNMC : programmation neuromnésique et cognitive. Ensemble de techniques de perception, de mémorisation et d'apprentissage issues de notions neurophysiologiques. Programme créé par Monique Le Poncin, 1996.

ils se découvrent une mémoire efficace alors qu'ils pensaient l'avoir perdue ! Pourtant rien n'a changé dans leur environnement social, économique, clinique, dans leur personnalité psychologique.

Ils ont seulement acquis une **attitude mémorielle** différente qui leur permet d'améliorer leur score initial de mémoire immédiate et de raccourcir leur temps d'apprentissage pour arriver à une réussite de 100 %.

Après PNMC, quels que soient l'âge et le ou les problèmes responsables de l'inefficacité de la mémoire, on observe la récupération d'une mémoire immédiate efficace et l'accélération de la vitesse d'apprentissage, puisque deux ou trois essais au plus suffisent à obtenir un 100 % de réussite.

Cet effet **résiste au temps** car les principes de perception, de mémorisation et d'apprentissage sont appliqués au quotidien et de ce fait entretiennent l'efficacité recouvrée.

Bien évidemment, lorsqu'il existe des difficultés d'ordre psychologique, a fortiori des difficultés d'ordre psychiatrique, il est nécessaire d'accompagner à long terme la personne pour que l'effet de récupération soit pérennisé.

En effet, le terrain personnel et l'environnement psychologique ou psychiatrique ont tendance à continuellement démobiliser la personne et à lui enlever toute détermination à la réussite.

■ Les troubles de mémoire d'origine organique (maladie cérébrale)

Une récupération possible

Ces troubles, selon la gravité de la maladie cérébrale, pourront être diminués de façon plus ou moins importante. Dans ce cas, la participation volontaire ainsi que la confiance de la personne et de son entourage dans la démarche de rééducation de la mémoire seront déterminantes dans l'ampleur de la récupération. En effet, il s'agit alors d'une **démarche de rééducation cognitive et mnésique** qui demande une collaboration étroite entre psychologue cognitiviste et spécialiste médical et/ou paramédical, médecin, neurologue, psychiatre, ORL, gynécologue, audioprothésiste...

Cette démarche thérapeutique est loin d'être superflue et ses effets bénéfiques sur l'autonomie du patient s'expliquent scientifiquement.

Certains pensent encore qu'il ne peut y avoir de récupération lorsqu'il y a une lésion cérébrale, c'est-à-dire une destruction de neurones.

En fait, il n'en est rien. Le cerveau possède une propriété unique : une neuroplasticité fonctionnelle, c'est-à-dire que **d'autres neurones peuvent être éduqués dans la fonction des neurones disparus.** Ainsi, dans le cas d'un accident vasculaire cérébral[1], il peut s'ensuivre des troubles du langage dus notamment à la disparition de populations neuronales dans les zones temporales de Broca ou de Wernicke. Mais, après rééducation par un orthophoniste, ces troubles peuvent

---

1. Accident vasculaire cérébral se manifestant par une hémiplégie.

être corrigés en tout ou partie. Cette récupération ne s'explique que par le fait que d'autres neurones, dans l'hémisphère controlatéral et dans une zone en miroir à celle détruite, ont pris le relais de la fonction langage. Cette constatation a pu être faite grâce aux examens tomoscintigraphiques (examens réalisés dans les services de médecine nucléaire donnant une image de la circulation cérébrale et du métabolisme neuronal) fonctionnels qui permettent de visualiser en direct la réponse cérébrale à la stimulation.

En fait, il semblerait qu'un neurone puisse avoir plusieurs fonctions qui dépendent de la façon dont il est sollicité ; ainsi, ayant acquis de nouvelles compétences, il pourrait remplacer le neurone défaillant.

À cette étonnante propriété s'ajoute celle, tout au long de la vie, de créer de nouvelles connexions neuronales (synapses) et donc de nouveaux réseaux qui peuvent remplacer les réseaux détruits.

En fait, cet ensemble de constatations à la fois cliniques et expérimentales nous conduit à penser qu'avec le cerveau rien n'est jamais totalement joué et qu'il faut se battre contre la maladie et croire à son potentiel de récupération.

S'il fallait définitivement vous convaincre, il suffirait de vous donner trois exemples de patients permettant de démontrer sans contestation possible l'existence de ce potentiel de récupération.

Exemple d'une jeune femme de 27 ans présentant des séquelles d'un traumatisme crânien
(un an et demi après un accident de la route)

Les troubles entraînent une tendance dépressive, en l'absence de toute anomalie à l'examen neurologique, le scanner étant normal.

L'examen scintigraphique fonctionnel sans stimulation mnésique révèle une hypoperfusion nette temporo-pariétale et pariéto-occipitale bilatérale, l'activité frontale étant correcte. Les troubles de mémoire, d'attention et de vigilance sont très importants et empêchent toute reprise du travail.

Après vingt séances de réhabilitation cognitive et mnésique, réparties sur quatorze mois, les performances de mémoire sont complètement récupérées (fig. 6).

Enfin, et sans doute le plus important, cette jeune femme réussit un examen, et la reprise du travail ainsi qu'une vie active « normale » s'amorcent.

Exemple d'une patiente âgée de 69 ans souffrant des séquelles d'un accident vasculaire cérébral

Cette patiente présente au scanner un hématome para-thalamique droit, quasi disparu sur la RMN[1] 7 mois plus tard, et quelques lésions disséminées de leucoariaose[2].

Elle présente par ailleurs une grande lenteur intellec-

---

1. RMN : résonance magnétique nucléaire.
2. Leucoariaose : lésions de la substance blanche périventriculaire.

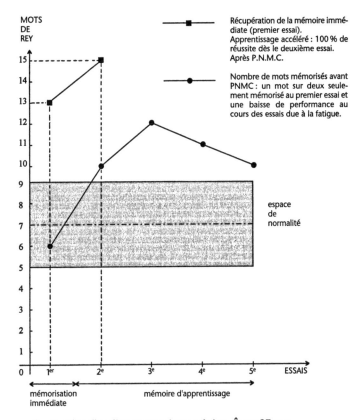

fig. 6 : Séquelles d'un traumatisme crânien. Âge : 27 ans.

tuelle, des difficultés de coordination motrice, de légers problèmes de langage et d'importants troubles de mémoire.

Les scores au test des 15 mots de Rey[1] révèlent une importante perturbation de la mémorisation immédiate, un grand ralentissement des processus d'apprentissage, avec une inefficacité de ces derniers puisque le score est seulement de 10 mots sur 15 au cinquième essai.

---

1. Test classique de mémorisation.

Après quinze séances de rééducation orthophonique pour les difficultés de langage et **dix séances de réhabilitation mnésique et cognitive** (RMC[1]) distribuées sur quatre mois, il y a une nette progression du niveau de performances de l'apprentissage puisqu'il y a une réussite à 100 % dès le deuxième essai (fig. 7).

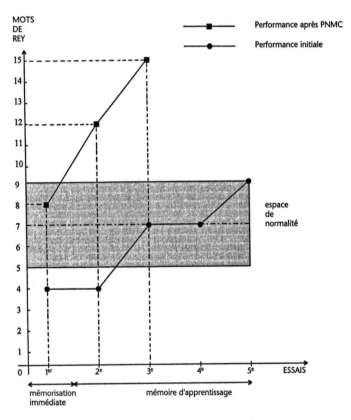

fig. 7 : Séquelles d'un accident vasculaire cérébral. Âge 69 ans.

---

1. RMC : rééducation mnésique et cognitive, PNMC adaptée et personnalisée.

Exemple d'une patiente âgée de 72 ans diagnostiquée Alzheimer débutant

Cette patiente présente de graves difficultés de mémorisation avec des conséquences importantes dans la vie quotidienne. Elle a par ailleurs beaucoup de mal à effectuer les tâches de structuration aussi bien spatiales que verbales et présente une grande fatigabilité cérébrale. Après trente séances de réhabilitation cognitive et mnésique distribuées sur une année, elle a récupéré un peu en mémorisation immédiate et amélioré son apprentissage avec un meilleur score et un meilleur temps d'apprentissage (fig. 8).
Les examens tomoscintigraphiques effectués sous stimulation mnésique (c'est-à-dire alors que le sujet est

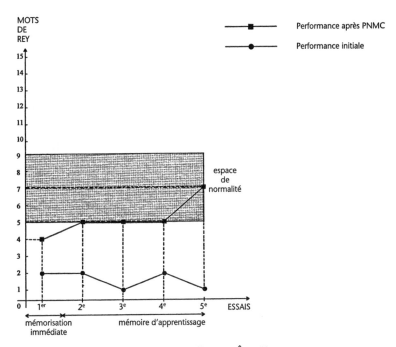

fig. 8 : Alzheimer débutant. Âge 72 ans.

soumis à un exercice de mémoire) révèlent une amélioration du métabolisme cérébral dans les zones de suppléances[1] qui peut aller jusqu'à 50 % de mieux par rapport à une tomoscintigraphie effectuée un an auparavant et pourtant la maladie continue d'évoluer[2] !

L'ensemble de ces exemples cliniques, quels que soient la pathologie et l'âge des patients, révèle le **pouvoir de récupération du cerveau** et démontre ainsi, s'il fallait encore en douter, que la neuroplasticité fonctionnelle est bien une réalité qui légitime totalement l'emploi des techniques cognitives dans le but d'une récupération fonctionnelle après lésions cérébrales.

Croire en son cerveau, quoi qu'il arrive

Se donner avec force et opiniâtreté les moyens de sa réussite est le leitmotiv qui doit bercer votre vie future. Souvenez-vous : dans 75 % des cas, il s'agit de troubles réversibles et qu'il vous appartient de combattre ; à vous de vous prendre en main pour engager un nouveau parcours de réussite et de satisfaction mentale. Apprenez à mieux connaître comment la mémoire fonctionne et quelles sont les techniques efficaces de mémorisation et d'apprentissage ; appliquez-les au quotidien, entraînez votre mémoire tout au long de votre vie et découvrez ainsi le moyen d'accéder à votre potentiel cérébral jusqu'alors insuffisamment exploité, voire méconnu.

---

1. Zones cérébrales saines qui se mobilisent pour prendre le relais des zones déficientes.
2. Monique Le Poncin, *Gym Cerveau objectif 100 ans*, Stock, 1995.

DEUXIÈME PARTIE

■

La mémoire, mode de fonctionnement

■

Améliorer sa mémoire, c'est avant tout comprendre en quoi consiste le fait de mémoriser, quel est l'outil qui permet la mémorisation et quels sont ses modes de fonctionnement.

Définir la mémoire, c'est-à-dire mémoriser au quotidien, c'est acquérir des informations qui étaient jusque-là inconnues, les conserver puis, ultérieurement, en faire état c'est-à-dire les restituer. C'est aussi progresser, s'adapter aux changements de notre environnement et en enrichir notre patrimoine culturel, économique, mais aussi amical et social.
C'est-à-dire enfin que mémoire et apprentissage sont inséparables, et cela quelle que soit la mémoire à laquelle nous faisons appel, qu'elle soit procédurale[1], autobiographique[2] ou prospective[3].

_____

1. **Mémoire procédurale :** acquisition d'habiletés motrices (ex. : apprendre à taper sur un clavier) ou cognitives (ex. : apprendre à faire un calcul).
2. **Mémoire autobiographique :** appelée aussi mémoire épisodique par opposition à mémoire sémantique, qui a rapport à notre culture. Souvenirs des cinq dernières années organisés dans le temps.
3. **Mémoire prospective :** action à effectuer à un moment donné (ex. : la lettre à poster).

De la théorie à la pratique : comment fonctionne la mémoire ?

■ Les théories

Du IVe siècle av. J.-C. à ce jour, aucune réponse satisfaisante n'a été donnée à cette question.

• Ni par les hommes, philosophes ou scientifiques : Platon, Aristote, Galien, Descartes et plus près de nous (courant XIXe siècle) Elbinghaus, Gall, Bergson, Pavlov, Thoindike, ou même Freud...

• Ni par les modèles théoriques. Modèles d'ailleurs critiqués tant au niveau biologique que philosophique : **modèles néo-informatiques**[1] (s'inspirant des ordinateurs) – modèles d'Atkinson et Shiffrin, modèle ACT d'Anderson ; **modèles connexionnistes**[2] (s'inspirant des réseaux du système nerveux central selon D. Hebb) – modèle de Rumehart, McClelland et Baddeley ; **modèles holographiques**[3] (modèle CHARM selon Eich) ; ou enfin **modèles mixtes**[4] selon Tiberghein et Jeannerod. Rien ne permet aujourd'hui encore de comprendre comment fonctionne exactement la mémoire et nous sommes bien loin d'en tirer quelque enseignement pratique pour l'améliorer de façon qu'elle devienne un

---

1. Décrivent la mémoire comme un ensemble architecturé fermé de plusieurs modules indépendants reliés ensemble de façon précise et commandés par une unité centrale.
2. Préconisent que l'information est stockée dans les connexions qui relient les différentes unités, chaque unité faisant la somme des signaux qu'elle reçoit avant d'envoyer vers une autre unité.
3. Considèrent la mémoire comme un ensemble de traits, chaque trait étant associé à tous les autres.
4. Modèles néo-informatiques et connexionnistes complémentaires.

outil antistress, antianxiété, mais aussi un outil de valorisation de notre capital intellectuel et un outil de bonheur devant le constat de notre réussite ! Toutefois, tous ces théoriciens de la mémoire sont d'accord pour décrire la mémorisation en trois temps.

■ Les trois temps de la mémorisation

• **Un temps d'encodage** où le choix direct ou indirect de ce qui va être mémorisé peut être conscient, chargé d'affectivité ou non, automatique ou volontaire.

• **Un temps de stockage** pendant lequel se constitue une trace mnésique. C'est Hyden qui pour la première fois a montré chez les rats qu'il y avait après apprentissage une modification de la proportion des bases azotées de l'ARN[1] ; cette modification était pour lui le signe d'un changement dans la séquence de l'ARN et représentait ce que l'on appelle la trace mnésique, support neurobiochimique de la mémorisation.

• **Un temps de restitution**, soit en reconnaissance (l'objet du souvenir est présenté parmi d'autres), soit en rappel (appel direct à la mémoire sur question avec ou sans support).

À cela il convient de faire précéder cette phase de mémorisation par une phase de **décision consciente de mémoriser**, qu'il s'agisse de mémoire prospective ou non, soit à court terme (restitution immédiatement après), soit à long terme (restitution dans les heures,

---

1. ARN : acide ribonucléique intervenant dans l'élaboration des protéines.

jours, voire années qui suivent). Et de la faire suivre par une phase de **renforcement**, c'est-à-dire de révision, en tenant compte de la durée de l'espace-temps où le souvenir doit pouvoir s'exprimer.

Les manifestations physiques de notre mémoire

De nombreuses études expérimentales et cliniques font état d'un certain nombre de constats et conduisent même à une visualisation de l'état de mémorisation.

■ La constitution d'une trace mnésique

On sait aujourd'hui que mémoriser entraîne une augmentation du débit sanguin[1], du métabolisme cérébral[2] et des synthèses protéiques[3].

En effet, chaque fois que nous sollicitons notre cerveau, les neurones[4] demandent de l'énergie : il y a alors une augmentation du débit sanguin cérébral afin que les molécules d'oxygène et de glucose qui sont dans le sang arrivent en plus grand nombre aux abords de ces neurones.

Ces molécules d'oxygène et de glucose sont « trappées » activement au niveau du corps du neurone ; il y a alors une production d'énergie (ATP) qui va permettre à l'influx nerveux de courir le long de l'axone du neurone pour finalement, en bout de course, provoquer l'ouverture de vésicules libérant les neuromédiateurs[5] ; ces derniers se chargent de l'information et, en traversant

---

1. Débit sanguin : vitesse du sang dans les vaisseaux.
2. Métabolisme cérébral : production d'énergie par augmentation de glucose (sucre).
3. Les protéines sont de grosses molécules constituées d'acides aminés et contenant de l'azote. La formation des protéines est effectuée au niveau du corps cellulaire des neurones par l'intermédiaire d'une copie d'ADN, constituée à partir d'une transcription des brins d'ADN : l'ARN messager.
4. Cellules qui assurent des fonctions (par exemple : langage) par opposition aux cellules de soutien ou aux cellules nourricières.
5. Neuromédiateur ou neurotransmetteur : petite molécule signal utilisée dans la communication inter-neuronale.

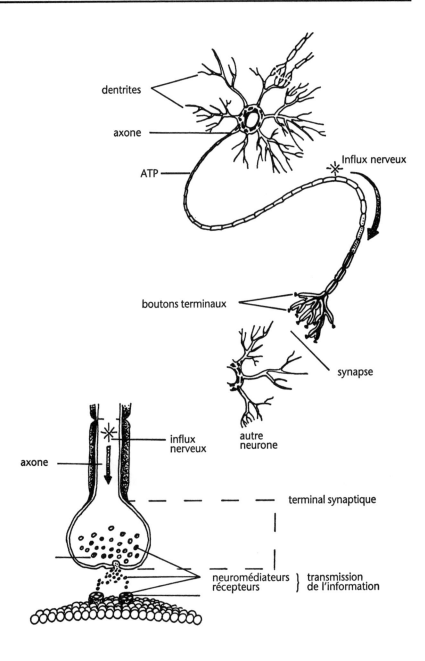

fig. 9 : Le fonctionnement des neurones ATP.

la fente synaptique[1], vont transmettre l'information d'un neurone à un autre neurone et ainsi de suite pour toute une population neuronale (fig. 9).

Il y a constitution d'une **trace mnésique** qui se traduit par une augmentation des synthèses protéiques.
Ces explications théoriques sont confortées par de nombreuses expérimentations, et plus spécialement par les techniques d'imagerie cérébrale effectuées simultanément pendant des tests d'apprentissage.

■ L'observation des manifestations de la mémoire dans le cerveau

Dès 1982[2], il a été clairement démontré chez des animaux placés en situation d'apprentissage (apprentissage d'un labyrinthe pour avoir de la nourriture) que les modifications du débit sanguin, du métabolisme cérébral et des synthèses protéiques étaient directement liées à la performance d'apprentissage (fig. 10), voire au niveau de la performance.
Ces modifications observées dans le cerveau lors d'apprentissages différents peuvent être éphémères s'il s'agit de mémoire immédiate ou se pérenniser s'il s'agit de mémoire à long terme.

---

1. Synapse : zone de contact entre 2 neurones (voir figure).
2. Monique Le Poncin : doctorat d'État ès sciences, Paris-VII 1982 et Dijon 1982. « Synthèse protéique. Symposium int. Alpha-bloquants ».

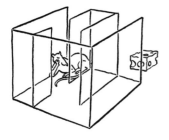 

a : animal non soumis à la situation d'apprentissage

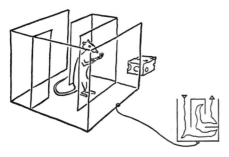 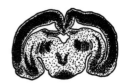

b : animal en cours d'apprentissage (trajets avec hésitations)

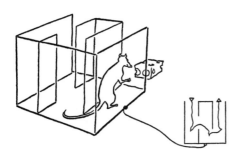 

c : animal ayant acquis l'apprentissage (trajets directs)

Les images du débit sanguin sont différentes
(plus les zones sont foncées, plus le débit est important).

fig. 10 : Modifications du débit sanguin cérébral selon l'activité comportementale.

Mémoire immédiate, mémoire à long terme

■ En mémoire immédiate

L'information va être imprimée dans la zone de réception concernée (fig. 11), puis elle va ressortir presque immédiatement après, le délai de réponse se faisant dans les trente secondes qui suivent l'entrée de l'information.

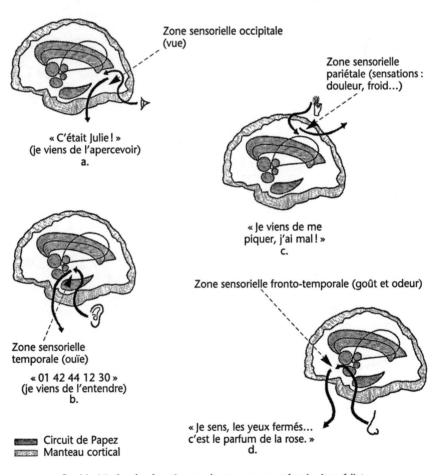

Zone sensorielle occipitale
(vue)

Zone sensorielle
pariétale (sensations :
douleur, froid...)

« C'était Julie ! »
(je viens de l'apercevoir)
a.

« Je viens de me
piquer, j'ai mal ! »
c.

Zone sensorielle fronto-temporale (goût et odeur)

Zone sensorielle
temporale (ouïe)

« 01 42 44 12 30 »
(je viens de l'entendre)
b.

Circuit de Papez
Manteau cortical

« Je sens, les yeux fermés...
c'est le parfum de la rose. »
d.

fig. 11 : Modes de réception par le cerveau, en mémoire immédiate,
de nos différentes perceptions.

■ En mémoire à long terme

Qu'il s'agisse de mémoriser pour plusieurs minutes, heures, jours, voire années, l'information est d'abord imprimée dans la zone de réception sensorielle (par exemple dans la zone occipitale de la vue) puis migre dans le cerveau (circuit de Papez) pour aller se fixer dans le manteau cortical (fig. 12).

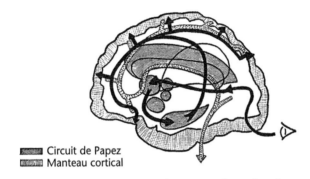

▓▓▓ Circuit de Papez
▓▓▓ Manteau cortical

fig. 12 : Mémorisation à long terme d'un poème lu.

Cette migration de l'information, pour aboutir au stockage d'un souvenir fiable, nécessite un grand nombre de réactions métaboliques (débit sanguin et consommation de glucose) et neurochimiques (libération de neuromédiateurs) et va donc nécessiter inévitablement plus de temps, c'est-à-dire plus de répétitions, nous dirons de renforcements, d'autant plus nombreux que nous voudrons mémoriser pour longtemps ; cette impression dans le manteau cortical va se concrétiser notamment par une augmentation des synthèses protéiques.

Évolution de la mémoire avec l'âge

L'ensemble des travaux expérimentaux et maintenant, depuis quelques années, cliniques (fig. 13) ont confirmé la complexité de l'activité mémoire.

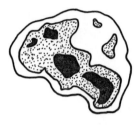

1.
Sujet
de 36 ans

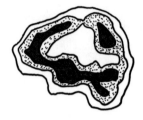

cerveau avant mémorisation

cerveau pendant mémorisation

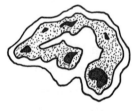

2.
Sujet
de 75 ans

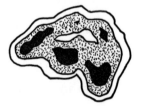

cerveau avant mémorisation

cerveau pendant mémorisation

Les zones sombres montrent l'augmentation de l'activité des neurones pour mémoriser. On observe une moindre augmentation chez le sujet âgé.
(Service du Dr Askienazy, médecine nucléaire, Sainte-Anne.)

fig. 13 : Visualisation chez l'homme d'un acte de mémorisation (15 mots à apprendre) par tomoscintigraphie.

■ Observation du processus de mémorisation selon l'âge

Si la mémorisation ne peut se faire sans l'intégrité d'un circuit complexe (circuit de Papez) qui relie des régions de l'hippocampe à des formations sous-corticales (thalamus, tubercules mamillaires) et à la partie antérieure du cortex limbique, le cortex cingulaire, il n'est pas pour autant possible de parler d'un centre, **l'acte de mémoire faisant intervenir de nombreuses régions cérébrales, chacune jouant un certain rôle** dans l'entrée, la fixation et le stockage de ce qui va devenir un souvenir.

Par contre, il semble bien que, quel que soit l'âge, en l'absence de maladies cérébrales, les processus fondamentaux de mémorisation restent fonctionnels et ne se modifient guère.

Et pourtant **il est habituel d'entendre les personnes âgées se plaindre de leur mémoire.** Le plus souvent il s'agit d'oublis concernant le passé récent : le nom de ceux qu'ils rencontrent dans la rue, le nom de ceux avec qui ils ont travaillé dix ou quinze ans auparavant, le nom d'un ustensile courant, les numéros de téléphone, le film ou les informations qu'ils ont regardés à la télévision, ce qu'ils viennent chercher dans une pièce et bien d'autres choses encore.

Il est aussi habituel de lire : « Il existe réellement une diminution des performances de mémoire associée à l'âge », et quantité de chercheurs, médecins, psychologues ont conduit maints travaux pour démontrer cette « fatalité », comme Van Der Linden et Hupet dernièrement. À noter cependant des avis tels que celui du professeur C. Dérouesné, qui précise que cette « diminution est variable selon les individus et les différentes modalités d'exploration de la mémoire ». En fait, aujourd'hui encore, on considère la conservation d'une mémoire efficace à plus de 75 ans comme un phénomène exceptionnel.

■ Que faut-il en penser ?

Après avoir reçu pendant plus de douze ans des personnes de tous âges se plaignant de leur mémoire, je ne puis que m'insurger contre cette prétendue fatalité de la perte de la mémoire directement en rapport avec l'avancée en âge. En fait, aucun chercheur n'a réellement mis en évidence chez le sujet âgé de plus de 75 ans, indemne de toute affection cérébrale, un déficit caractéristique des processus de mémorisation.

On a seulement constaté une **baisse des performances de mémorisation**, ce qui est loin d'être la même chose ! Lorsqu'on écoute les personnes qui se plaignent de leurs problèmes de mémoire, qu'entend-on ?

On nous parle d'appauvrissement de la qualité et de la quantité des entrées, de fatigabilité de l'attention, de ralentissement de la réactivité cognitive, de diminution de l'intérêt à l'environnement, de moindre recrutement de stratégies pour mémoriser, de manque de confiance en soi, en un mot, de moindre utilisation de la mémoire.

■ Appauvrissement de la qualité et de la quantité des entrées

Comme nous l'avons vu précédemment, pour se souvenir de quelque chose, il faut l'avoir entré.

Or, avec l'âge, il y a souvent une diminution de l'efficacité de nos organes sensoriels, plus spécialement de notre vue et de notre ouïe.

■ Fatigabilité de l'attention

Pour mémoriser d'une manière fiable, il faut être attentif ; or, avec l'âge, il y a souvent une réduction de notre capacité d'attention qui peut être due à plusieurs facteurs.

• Nos **difficultés de vision ou d'audition** peuvent nous conduire à baisser notre garde, et nous nous réveillons quelquefois surpris de constater que le programme de télévision est terminé depuis un certain temps !

• Avec l'âge aussi, nous devons souvent faire face à un certain nombre de **maladies** qui peuvent avoir des conséquences plus ou moins directes sur notre énergie cérébrale ; ainsi certaines insuffisances respiratoires, cardio-vasculaires ou cérébro-vasculaires pourront influer sur notre métabolisme cérébral et rendre nécessaire un effort mental supplémentaire pour l'obtention d'une réponse satisfaisante et donc entraîner un surcroît de fatigue cérébrale, ennemie du soutien de l'attention.

• Nous pouvons aussi devoir faire face, dans le cas par exemple d'arthrose, de diabète, d'hypertension, à la **prise de médicaments** qui, s'ils sont indispensables, n'en ont pas moins des conséquences plus ou moins néfastes sur notre capacité d'attention. Surtout s'il s'agit de somnifères ou de neuroleptiques !
Plus généralement, quand on souffre, peut-on être attentif ? Quand on est déprimé ou anxieux, peut-on être attentif ? Bien sûr que non !

■ Ralentissement de la réactivité psychomotrice

Seul effet de l'âge démontré par de nombreux chercheurs, un ralentissement psychomoteur.

Il y a effectivement un allongement du temps de réaction à la présentation de flashs lumineux ou de sons graves ou aigus : ce ralentissement peut d'ailleurs être aisément corrélé à la diminution de vitesse de parcours de l'influx nerveux.

Il convient cependant de préciser que ce ralentissement est surtout sensible après 75 ans, si l'on en croit les résultats obtenus lors de tests de réaction visuels ou auditifs[1].

Par ailleurs, l'attitude comportementale de la personne âgée fait que le délai de compréhension est parfois allongé par le délai de réflexion qu'elle se donne. Enfin, tout simplement, s'ajoute là encore le délai dû aux difficultés de vision ou d'audition.

■ Diminution de l'intérêt pour l'environnement

L'isolement, qu'il soit sensoriel par diminution de l'audition ou social (perte du travail, décès du conjoint, éloignement des enfants, décès des amis de plus en plus fréquent), est l'ennemi redoutable de la mémoire...

Peu à peu l'intérêt se perd pour de plus en plus de choses, il y a de moins en moins d'échanges avec les autres, le langage s'appauvrit, l'envie de l'extérieur disparaît, les informations reçues se raréfient, le peu dont

---

1. Tests effectués sur plus de 9 000 personnes. Il s'agit de répondre à des stimuli visuels ou auditifs en appuyant sur les touches colorées d'un ordinateur.

on désirait se souvenir s'amenuise et l'on perd l'habitude de mémoriser.
Il s'ensuit une dépression qui ne peut qu'aggraver les difficultés de mémoire.

■ Le manque de confiance en soi

Pour toutes les raisons que nous avons déjà évoquées, nous ressentons en vieillissant, à juste titre, un sentiment de moindre efficacité de notre mémoire. Bien plus, nous ressentons une sorte d'impuissance devant cette perte de mémoire qui nous apparaît inéluctable car elle nous est présentée comme inévitable.

• Alors nous capitulons et nous recherchons des moyens de compensation. C'est le énième remède mémoire qui bien évidemment n'a aucun résultat en tant que tel, et c'est surtout le **pense-bête**.
Il n'y a pas pire ennemi que ce petit bout de papier qui devient un réflexe, une béquille incontournable : on perd définitivement l'habitude de mémoriser puisqu'on note tout ce dont on veut se souvenir. On perd de plus en plus confiance dans le peu de mémoire qui nous reste et on devient anxieux et émotif dès que l'on ne peut plus noter ! Or, avec l'âge, il est bien connu que notre émotivité croît car les sécrétions d'hormones, notamment surrénaliennes, tels les glucocorticoïdes, augmentent alors que notre système de défense immunitaire perd en efficacité. Cette absence d'équilibre entre ces deux systèmes biologiques explique l'apparition de réactions émotionnelles disproportionnées par rapport à l'événement, telle la réelle panique qui surgit lorsque l'on aperçoit quelqu'un que l'on connaît bien s'appro-

cher avec un grand sourire et que son nom nous manque !

• L'ensemble de tout ce vécu de l'âge fait que nous ne croyons même plus en nos capacités et que peu à peu nous n'osons même plus nous lancer dans la nouveauté, l'informatique, une langue étrangère, une nouvelle technologie.

■ Un potentiel de mémorisation insoupçonné

Or, nous disposons tous d'une **réserve d'efficacité** qu'il nous faut découvrir et apprendre à utiliser car c'est elle qui va nous permettre, quel que soit l'âge, d'évoluer et de nous adapter à l'évolution de notre environnement et des nouvelles technologies.

Pour preuve de son existence, il convient de rapporter les résultats obtenus par des personnes ayant, de la veille au lendemain, considérablement augmenté leurs performances de mémoire (test des 15 mots de Rey, effectué en deux séries équivalentes avant et après PNMC). Et pourtant le contexte socioculturel, comportemental, affectif et clinique restait le même. Alors ?

Il a suffi, au travers de jeux tests, de faire découvrir à ces personnes comment elles mémorisaient facilement, de leur faire appliquer leur propre méthode spontanée mais cette fois consciemment, et de leur faire respecter **certaines techniques d'apprentissage** basées sur la neurobiologie expérimentale et clinique[1].

---

1. Méthode PNMC créée par Monique Le Poncin.

Ce constat objectif d'amélioration instantanée des performances de mémoire, quel que soit l'âge, de 15 à 70 ans, amélioration conservée à long terme, prouve, s'il fallait en douter, qu'il y a chez chacun de nous un potentiel de mémorisation souvent bien supérieur à celui que nous utilisons quotidiennement... Il faut seulement savoir y accéder et connaître le bon mode d'emploi !

Il est aussi indispensable de respecter certaines règles d'hygiène de vie à la fois physiques et nutritionnelles afin de préserver un capital d'énergie nécessaire à la performance cérébrale.

Hygiène de vie et mémoire

■ Éviter les ennemis de la mémoire

Certains médicaments

Parmi les ennemis classiques, nous citerons tous les médicaments entraînant une sédation et donc une baisse de la vigilance et de l'attention, effet toujours mentionné sur les notices explicatives accompagnant le médicament. Toutefois, il convient de préciser qu'en dépit de leurs effets sédatifs ces médicaments, lorsqu'ils sont prescrits par un médecin dans le cadre de la thérapie d'une maladie bien définie, doivent être absolument pris.

Ainsi, attention aux **antiépileptiques**, à certains **antihypertenseurs, antidiabétiques**, mais aussi **bêtabloquants**, prescrits en cardiologie. Et aussi aux briseurs d'attention, les **benzodiazépines**, souvent prescrites comme **anxiolytiques** ou comme **somnifères** et cela très fréquemment, puisqu'une enquête menée en médecine générale sur plus de 4 000 patients[1] a montré que, parmi les personnes sous traitement, une sur deux en prenait régulièrement.

Les médicaments à action anticholinergique qui agissent sur un neuromédiateur, l'acétylcholine, très impliqué dans les processus de mémorisation ; **les dérivés de l'atropine**, prescrit en gastro-entérologie ou en urologie, **les antidépresseurs tricycliques** et les **neuroleptiques**.

---

1. Enquête effectuée par les laboratoires Delalande.

Les excitants : alcool, tabac, café, thé, vitamine C

• **En tête l'alcool** qui, pris à forte dose, peut provoquer des pertes de mémoire de plusieurs heures !

• **Puis le tabac** : la nicotine, à haute dose, bloque l'action des neuromédiateurs et de certains récepteurs cérébraux, les récepteurs nicotiniques ; les goudrons aussi abîment la membrane pulmonaire, et enfin la fumée chaude, souvent inhalée par les amateurs de tabac, qui brûle les alvéoles pulmonaires. Autant d'agressions qui peuvent diminuer, de façon indirecte, l'oxygénation du sang et donc l'apport d'oxygène au cerveau.

• **Enfin certains excès en café, thé et même vitamine C** conduisent à une exacerbation de l'émotionnel avec apparition d'agressivité, souvent source de conflit avec les autres.

Préférez-leur une bonne **tisane-mémoire** à base de 5 g de menthe, 5 g de basilic et 5 g de serpolet auxquels vous pouvez ajouter soit 5 g d'angélique soit 5 g d'un mélange de mauve, mille-feuille et fraise des bois... À prendre le matin au petit déjeuner.

Un sommeil perturbé, un manque de disponibilité psychologique

Autres ennemis, qui, même en présence d'excellentes techniques de mémorisation, seront capables d'entamer notre capital mémoire : un sommeil perturbé ou une non-disponibilité psychologique liée à notre émotionnel toutes les fois que nous devons faire face à un stress plus ou moins intense.

• S'il est difficile aujourd'hui de se prononcer sur l'effet

bénéfique du sommeil sur la mémoire, il est par contre parfaitement démontré que les privations importantes de sommeil (au-delà de vingt-quatre heures) ou les rythmes 3/8 dans certains métiers provoquent souvent des troubles de mémoire. Il convient donc de bien dormir, et naturellement, de préférer au somnifère une tisane (surtout sans menthe!), un verre d'eau ou de lait, une petite promenade avec votre chien en soirée, la lecture d'un livre très ennuyeux, un programme télévisé particulièrement insipide… au choix… Cherchez des idées soporifiques, vous serez étonnés de tout ce que vous trouverez!

• **Quant au stress**, s'il est souvent dévastateur, n'oubliez pas cependant qu'un soupçon de stress est un élément positif, un focalisateur de l'attention. De nombreux travaux et des recherches expérimentales ont démontré qu'un minimum de stress était nécessaire à la mémorisation[1].

Vous voilà donc prévenus! À vous de réfléchir à votre vie quotidienne, aux facteurs de risque qu'elle comporte... À vous de prendre les bonnes décisions afin de vous armer pour la performance cérébrale.

Notamment, il vous reste à privilégier les amis de la mémoire.

■ Faire de l'exercice

Comme nous l'avons déjà vu, le cerveau est un grand consommateur d'énergie, très gourmand en oxygène et en glucose.

Nous avons vu aussi que, pour répondre à cette demande d'énergie, il se produit une augmentation du débit sanguin et du métabolisme cérébral, à savoir que les molécules d'oxygène et de glucose doivent arriver en plus grand nombre aux abords des neurones.

Un bon moyen d'atteindre ce résultat: pratiquer un sport...

Certains ont toujours l'excuse de manquer de temps, alors astreignez-vous au moins à quelques exercices de respiration ample et d'entretien de la force cardiaque. N'oubliez pas que c'est le cœur qui envoie le sang au cerveau.

---

1. Monique Le Poncin et coll. (1980). *Plasma catecholamines and brain activity in catecholamines and stress: recent advances.* Elsevier North Holland.

Tous les matins, pensez donc à un réveil musculaire mais aussi neuronal !

Pour commencer, voici un exercice simple.

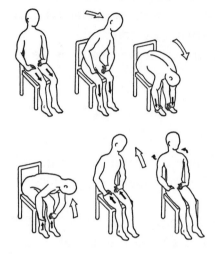

Asseyez-vous sur une chaise à haut dossier. Le dos contre le dossier, posez les mains à plat sur vos cuisses.

Inspirez bien, puis commencez à expirer en descendant lentement vos mains le plus bas possible jusqu'à vos chevilles, tout en arrondissant votre dos et en laissant tomber doucement votre tête.

Maintenant, vous allez commencer à inspirer en remontant toujours lentement vos mains le long de vos jambes jusqu'à redresser votre dos contre le dossier de la chaise et latéralement vous allez passer vos bras derrière le dossier de la chaise.

Puis, toujours latéralement, et en commençant à expirer lentement, vous allez repasser vers l'avant du dossier de la chaise vos bras et vos épaules et reprendre le mouvement comme précédemment.

Vous pouvez faire ainsi 10 ou 20 respirations amples.

■ **Bien se nourrir**

Une autre façon de contribuer à un métabolisme neuronal efficace est de bien se nourrir. On essaiera donc de choisir une nutrition plus appropriée à l'entretien de notre énergie physique, notamment lorsque nous devons faire face à un effort intellectuel important comme la préparation d'un concours ou une situation de stress intense.

Ainsi on choisira plutôt des menus constitués d'aliments contenant des **sucres lents** qui restent plus longtemps dans notre sang car ils sont métabolisés lentement, des **acides aminés** dont certains sont précurseurs de neuromédiateurs (tyrosine, tryptophane), des **ions** (surtout calcium et magnésium), des **oligo-éléments** (fer, zinc), des **vitamines** (surtout vitamines B, C et E), et, comme le recommande le professeur Jean-Marie Bourre[1], des lipides, c'est-à-dire des graisses, surtout des **lipides polyinsaturés,** car ils permettent d'entretenir les membranes de nos neurones.

Sucres lents	Acides aminés	Ions	Oligo-éléments	Vitamines	Lipides polyinsaturés
• pain complet • pâtes • tomate • banane • riz • pommes de terre • haricots blancs • chou	• chou • cresson • poisson • haricots secs • viande rouge et blanche • raisin • fromage • tomate • banane • lentilles	• eaux minérales • lentilles • citron • fromage • chocolat • porc • poisson • orange • vin de Bordeaux • fruits secs	• foie de veau, • porc, • bœuf, • poulet • moules • coques • pois secs • cassis • poisson • œuf • amande • noix • persil • ail • épinards	• riz complet • fruits • foie de veau • œuf • chou • saumon • avocat • noix • pois • épinards • porc • poulet • céréales • fromage	• huiles maïs, colza, noix, soja, noisette, tournesol • poisson • lait • viande

---

1. J.M. Bourre, *La diététique du cerveau* Odile Jacob, 1995.

Il est assez facile de se préparer des plateaux-repas hypocaloriques et hyper-énergétiques comme le recommande le docteur Roy Walford[1], en choisissant de préférence des aliments particulièrement riches en nutriments favorables à l'énergie cérébrale.

Ainsi, selon les saisons, vous pouvez prévoir des menus agréables à déguster, sans remords pour la ligne et sans conséquences néfastes pour votre force d'attention et votre énergie cérébrale. Voici, pages suivantes, quelques idées de menus pour 2 personnes.

---

1. Roy Walford, *Un régime de longue vie*, Robert Laffont, 1987.

■ Automne

Déjeuner
Salade de chou-fleur
Foie de veau aux figues
Épinards
Roquefort
Fruits frais

FOIE DE VEAU AUX FIGUES

Préparation : 15 min – **Cuisson :** 5 min
Ingrédients : 12 figues noires, mûres à point
3 cuil. à soupe de miel d'acacia – 2 cuil. à soupe
de sucre cristallisé roux – 6 pincées de cannelle
en poudre – 2 tranches de foie de veau
huile d'arachide – 1 noisette de beurre
1 cuil. à soupe de vinaigre balsamique

• Préparer les figues : allumer le four à 250 °C
(th. 8). Rouler les figues dans le miel (2 cuil.
à soupe) et les disposer dans un plat à four.
Les parsemer de sucre et de cannelle. Lorsque
le four est chaud, mettre les figues à cuire
10 min. • Faire cuire les tranches de foie de
veau dans une poêle avec de l'huile d'arachide et une noisette de beurre. Les saisir des
deux côtés. • Retirer les tranches de foie de la
poêle. Jeter tout le gras de cuisson. Verser le
vinaigre et le miel restant dans la poêle et
éteindre le feu. Servir les tranches de foie nap-
pées de cette sauce et entourées des figues.

Dîner
Potage de persil
ou de cresson[1]
Œufs brouillés aux asperges
Yoghourt
Pomme

ŒUFS BROUILLÉS AUX ASPERGES

Préparation : 5 min – **Cuisson :** 12 min
Ingrédients : 12 asperges – 6 œufs
60 g de beurre – 5 cl de lait – Sel, poivre

• Cuire les pointes d'asperges 10 min dans
une casserole d'eau bouillante salée. • Battre
les œufs, le lait, le sel et le poivre comme
pour une omelette sans faire mousser, en y
ajoutant petit à petit le beurre divisé en morceaux, sauf une noix réservée pour la cuisson.
• Faire fondre ce beurre dans une casserole,
verser le mélange et cuire à feu doux, sans
cesser de remuer pendant 12 min. La préparation doit être crémeuse. Y incorporer les
pointes d'asperges, servir.

1. Recette p. 80.

■ Hiver

Déjeuner
Salade de mâche et
betteraves aux noix
Escalopes panées
Pâtes fraîches
Ananas frais

ESCALOPES PANÉES

Préparation : 10 min, 2 h à l'avance
Cuisson : 15 min
Ingrédients : 3 branches de persil – 2 œufs
2 gousses d'ail – 1 cuil. à café de thym
1 pincée de noix de muscade en poudre – sel,
poivre – 4 à 6 escalopes de veau
1 paquet de chapelure – huile pour friture
1 citron

• Laver, sécher, effeuiller et ciseler le persil.
• Dans un saladier, mélanger les œufs, l'ail
écrasé, le thym, le persil ciselé, la muscade.
Saler et poivrer généreusement. Mettre les
escalopes dans le saladier. Bien imprégner de
la préparation sur toutes leurs faces. Laisser
mariner au moins 2 h. • Avant de passer à
table, verser la chapelure dans une assiette et
en imprégner chaque escalope. • Verser
l'huile (au moins 2 cm d'épaisseur) dans une
grande poêle et la faire chauffer. Faire frire
les escalopes sur les deux faces. Quand elles
sont bien dorées, les égoutter sur du papier
absorbant puis les servir avec du citron.

Dîner
Potage aux carottes
Moules nature
Compote d'abricots secs

COMPOTE D'ABRICOTS SECS

Préparation : la veille – **Cuisson :** 1 h
Ingrédients : 300 g d'abricots secs
90 g de sucre – 1/2 l d'eau

• Laver et faire tremper les abricots pendant
une journée entière. • Le lendemain, les
mettre à cuire avec l'eau et le sucre pendant
1 h à feu doux.

■ Printemps

Déjeuner

Asperges
Coquelets grillés au citron vert
Ratatouille
Roquefort
Fruits

COQUELET GRILLÉ AU CITRON VERT

Marinade : 2 h – **Cuisson :** 20 à 30 min
Ingrédients : 2 coquelets ou ailes ou cuisses de
poulet – sel, poivre – le jus de 3 citrons verts
1 filet d'huile d'olive – 1/2 cuil. à soupe de thym
1/2 cuil. à soupe de romarin – 5 échalotes
3 gousses d'ail

• Faire couper les coquelets en deux par le boucher. Les rincer, saler, poivrer et les placer dans un plat creux. • Presser les citrons verts et arroser les coquelets du jus et d'un filet d'huile d'olive. Ajouter les herbes, les échalotes épluchées et émincées, l'ail écrasé et mélanger. • Les coquelets doivent mariner au moins 2 à 3 h. Les retourner régulièrement. La chair cuira d'autant plus vite que le citron l'aura déjà bien imprégnée. • Avant le déjeuner, préchauffer le four en position gril pendant 10 min. • 30 min avant de servir, poser les demi-coquelets sur la grille du four (elle-même placée sur la lèchefrite), de telle manière qu'ils soient à 3-4 cm du gril. Retourner les coquelets 2 fois en les arrosant de la marinade à chaque mouvement. La peau croustille et la chair est moelleuse.

NOTRE VINAIGRETTE

La préparer en grande quantité dans un pot à confiture avec un couvercle : 6 cuil. à soupe d'huile de colza, 6 cuil. à soupe d'huile de soja, 1/2 cuil. à café d'huile de noix, 1 orange pressée, 1 citron pressé, 5 pincées de sel, poivre du moulin, 4 cuil. à café de vinaigre d'alcool.

D'abord, mélanger à la fourchette sel, poivre, vinaigre, citron et orange, puis incorporer en tournant doucement les différentes huiles. La garder au réfrigérateur et la sortir du réfrigérateur 5 minutes avant utilisation.

Dîner
Salade de haricots verts
Poisson malin
Pommes de terre vapeur
Yoghourt aux fruits rouges
frais

POISSON MALIN

Marinade : 30 min – **Cuisson :** 20 min
Ingrédients : 1 poisson entier : bar, mérou,
cabillaud, daurade ou thon frais...
sel et poivre – 1 citron – 4 poivrons rouges
6 gousses d'ail – 1 grosse tomate
2 cuil. à soupe d'huile d'olive
2 cuil. à soupe de concentré de tomates
1 cuil. à soupe de paprika
1/2 bouquet de persil plat

• Laver le poisson préalablement vidé, l'imprégner de sel, de poivre et de jus de citron. Le laisser mariner 30 min • Pendant ce temps, préparer un coulis de poivrons : couper les poivrons en quatre, retirer la queue et les pépins, rincer. Éplucher les gousses d'ail et les laisser entières. Peler et épépiner la tomate (après l'avoir plongée 15 s dans l'eau bouillante). Dans une casserole, verser 1 cm d'eau, chauffer, saler et y faire pocher les poivrons, l'ail et la tomate coupée en morceaux. Veiller à ce que la majeure partie du liquide soit évaporé – il doit en rester la valeur de 2 cuil. à soupe. Passer alors au mixer pour obtenir un coulis. • Faire chauffer l'huile dans une cocotte, y faire revenir rapidement et en remuant sans arrêt le concentré de tomates, ajouter le paprika et le coulis. • Sortir le poisson de sa marinade et le pocher dans la sauce, à feu doux, à couvert. Au premier frémissement, on le retourne, on couvre à nouveau, on laisse pocher 20 min en tout. Éteindre le feu. • Servir le poisson chaud, tiède ou froid, après l'avoir parsemé de persil plat. En plat chaud, il s'accompagne de riz, de pommes vapeur ou de tagliatelles.

■ Été

Déjeuner

Concombres au yoghourt
Carpaccio de bœuf
Légumes à la croque au sel
Pêches pochées à la menthe

Dîner

Gaspacho «mémoire»
Salade frisée aux foies de
volaille et œufs pochés
Yoghourt à la banane écrasée

PÊCHES POCHÉES À LA MENTHE

Préparation : 4 min – **Cuisson :** 5 min
Ingrédients : 4 belles pêches fraîches
sucre en poudre à volonté – 20 feuilles de menthe

• Essuyer les pêches. Les jeter dans une casserole d'eau bouillante. Les laisser 3 à 4 min.
• Retirer les pêches, les égoutter, les peler et les dresser entières ou coupées en deux sur un plat. Saupoudrer de sucre en poudre et parsemer de menthe ciselée.

GASPACHO «MÉMOIRE»

Préparation : 15 min, 4 à 6 h à l'avance
Ingrédients : 1 concombre – 8 tomates
1 poivron vert ou rouge – 1 branche de céleri
avec ses feuilles – 1 oignon frais
1 gousse d'ail – jus d'1/2 citron – persil,
ciboulette, coriandre en feuilles
1 trait de Tabasco – 4 cuil. à soupe d'huile d'olive
sel, poivre

• Laver et couper les légumes en gros dés. Peler l'oignon, le laver et le couper en deux ; Peler la gousse d'ail. • Passer à la centrifugeuse, dans l'ordre suivant : tomates, céleri, concombre, poivron, ail et oignon. Verser le mélange dans un saladier et ajouter sel, citron et Tabasco. Bien mélanger. • Laisser reposer 4 à 6 h au réfrigérateur afin que le potage soit bien glacé. • Au moment de servir, parsemer de feuilles de persil, ciboulette et coriandre ciselées et poivrer

■ **Pour ceux qui aiment les potages**

Ajoutez, en fin de cuisson, après avoir mixé vos légumes, un jaune d'œuf ou un peu de crème allégée, et toujours agrémentez d'herbes (persil, cerfeuil, estragon, ...) à votre goût.

POTAGE SANTÉ
(au cresson)
Préparation : 20 min – **Cuisson :** 35 min
Ingrédients : 1 l 3/4 d'eau – 1 botte de cresson
30 g de beurre – 25 g de farine – 75 g de riz
1 jaune d'œuf – sel, poivre

• Laver le cresson. Réserver quelques feuilles pour terminer le potage. Hacher le reste. • Mettre dans une casserole le beurre, faire chauffer. Y jeter le cresson, le faire « fondre » à feu doux. Saupoudrer avec la farine. Mouiller avec l'eau bouillante. • Laisser cuire 15 minutes. • Ajouter le riz lavé. Saler, poivrer. • Continuer la cuisson encore 20 minutes. • Au moment de servir, faire une liaison avec le jaune d'œuf et ajouter les feuilles réservées et hachées.

De même pour les salades, pensez à ajouter des herbes, des fruits secs, du roquefort, des œufs mimosa, des échalotes ou des oignons blancs.

Choisissez aussi, le plus souvent possible, une cuisson vapeur car les aliments et particulièrement les légumes conservent mieux leurs propriétés nutritives.

Enfin souvenez-vous : un bon réveil, c'est un réveil musculaire, respiratoire et énergétique. Ne partez jamais sans déjeuner ! Pain complet avec un peu de beurre, sucre roux plutôt que sucre blanc, mais aussi, au choix, céréales, œufs à la coque, yoghourt avec germes de blé, un jus de fruits frais et un kiwi, riche en vitamine C, pour le coup de fouet !

Améliorer sa mémoire est à la portée de tous

■

Améliorer ses capacités de mémoire, c'est d'abord analyser d'une part le degré d'insatisfaction de ses performances et le pourquoi de ses échecs, d'autre part ses techniques de mémorisation ; et ensuite c'est avoir confiance en ses capacités de progrès.

Connaissez-vous bien les moyens mnémotechniques que vous utilisez spontanément?

Essayez-vous aux exercices qui suivent. Soyez sincère ; respectez les consignes et répondez le plus spontanément possible. **Faites tous les exercices** et notez vos réponses : c'est seulement à la fin de la série d'exercices que vous ferez honnêtement votre bilan.

■ Exercice 1

Regardez cet ensemble de lettres et de chiffres pendant une minute. Mémorisez le maximum d'éléments. Puis fermez le livre et écrivez tout ce dont vous vous souvenez en **moins d'une minute.**

```
V              6              F
    I                     2
                   S
              T         O
     11
        N       22    R     18
  5
     A          G       9  M
        43
             E        C    L
  U
              3        17
```

■ **Exercice 2**

Mémorisez l'ensemble de ces mots, dessins et nombres en une minute.

Fermez le livre et redonnez par écrit le maximum d'éléments dont vous vous souvenez en **moins d'une minute**.

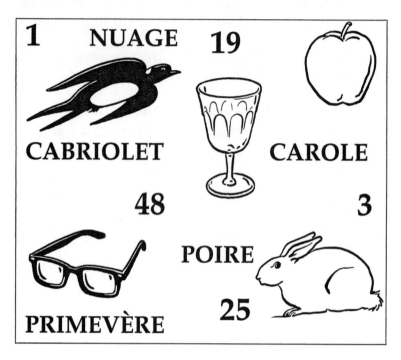

■ **Exercice 3**

Regardez cet ensemble de mots et de formes pendant une minute.

Mémorisez le maximum d'éléments sans vous soucier de l'emplacement. Puis fermez le livre et écrivez tout ce dont vous vous souvenez **en moins d'une minute**.

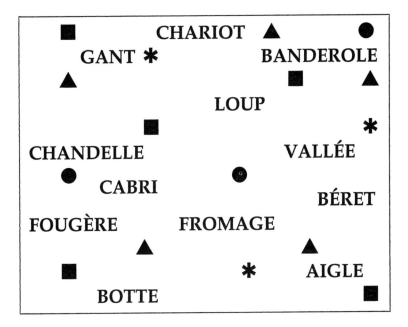

■ **Exercice 4**

Regardez ces personnages et leur nom et essayez de vous en souvenir ; donnez-vous au plus **une minute**.

Puis cachez cet exercice, et essayez **en moins d'une minute** d'indiquer les noms sous chacun des visages représentés.

■ **Résultats du premier exercice**

Analysons les réponses que vous avez pu faire et ce qu'elles veulent dire.

• D'abord vous avez cru qu'il était nécessaire de **tenir compte de l'endroit** où étaient placés les lettres et les nombres, même si cet endroit n'est pas très précis.

– Ainsi, vous avez pu essayer de redessiner l'exercice ou une partie de l'exercice et vous avez pu écrire :

V . I . G . T .   ou   V . I . 11 . N . 5 . A . ou
5 . 11 . 43 .   ou   2 . 0 . F .
etc.

– Vous avez pu redonner lettres et nombres en tenant compte de leur place sans vous en rendre compte.

Vous avez pu écrire :

11 . N . G . 3 .   ou   18 . M . L .   ou   3 . R . O . F .
etc.

– Vous avez pu essayer de faire des mots ou des sigles avec des lettres en tenant compte de la place de ces lettres.
Vous avez pu écrire :

nuage, nage, âge, veau, nue
sot, sort, etc.
R . M . C .
O . M . S .
T . S . F .
etc.

– Vous avez pu essayer de faire des calculs avec les nombres en tenant compte de la place de ces nombres.
Vous avez pu écrire :

5 . 6 . 11 . (5 + 6 = 11)   ou   2 . 9 . 18 . (2 × 9 = 18)   ou
3 . 9 . (3 × 3 = 9)

etc.

Dans tous les cas, vous utilisez spontanément l'espace comme moyen mnémotechnique privilégié.

• Vous pouvez aussi redonner lettres et nombres en essayant de les classer ou de faire des mots ou des sigles pour les uns et des calculs pour les autres **sans tenir compte de leur place**.

– Vous avez pu écrire :

A . E . I . O . U . ; M . N . ; R . S . T . (classement alphabétique), etc.
ou
virage ; rivage ; vitre ; gros ; clan ; toge ; voie ; rage ; etc.
ou
A . G . R . ; O . T . A . N ., etc.

ou

$6.3.18.(6 \times 3 = 18); 11.22.(11 \times 2 = 22); 6.3.9.(6 + 3 = 9)$
ou encore
$2.3.5.6.11.18$ (classement en ordre croissant)
etc.

Dans ce cas, le **moyen mnémotechnique** que vous employez est fondé sur le sens c'est-à-dire la **signification logique**, et plus particulièrement, pour les mots, vous passez par le **concept**, le **verbal**.

Vous avez pu utiliser des **moyens mnémotechniques classiques** pour redonner les nombres ou les lettres :

– Les départements :
22 : Côte-d'Armor
43 : Haute-Loire
17 : Charente-Maritime
18 : Cher
etc.

– des expressions :
22 voilà les flics !
etc.

– Les mots qui commencent par la même lettre ou la même syllabe :
nue, nuage, nage, navet
etc.

Vous avez pu y ajouter votre **affectif**

Ainsi :

43 c'est l'année de naissance de ma fille, de mon mari

22 c'est le département où je passe mes vacances

nage J'aime nager

foc J'aime les bateaux

etc.

• Vous avez pu redonner les lettres en les regroupant sous forme de sonorités qui vous « chantent ».

Ainsi : N . G . C . ou S . R . C . ou R . M . L .

Dans ce cas, vous utilisez les **sons comme moyen mnémotechnique privilégié** ; votre entrée auditive est privilégiée.
Il se peut aussi que l'utilisation de ces sonorités veuille dire autre chose ; ainsi elles peuvent être l'**expression phonétique** d'un mot, auquel cas vous avez ajouté un moyen mnémotechnique conceptuel, vous avez pu aussi ajouter la **place (espace)**.

Ainsi : V . I . T . ou S . F . R .

Enfin, tout simplement, vous vous êtes **répété** plusieurs fois des séries de lettres ou de nombres...
Dans ce cas, vraisemblablement, vous vous servez du **son** seulement comme d'un **renforcement**, une sorte de matérialisation de ce dont vous voulez vous souvenir. Attention, répéter comme un perroquet n'est pas mémoriser.

• Vous avez pu enfin utiliser **plusieurs de ces moyens** pour ce même exercice pour telles lettres ou tels nombres.
Dans ce cas, vous n'avez pas de technique bien définie. Attention, vous devez souvent céder à la panique et perdre beaucoup de temps à vous demander comment faire et, quand vous avez trouvé, il y a bien longtemps que l'information est passée !

■ **Résultats du deuxième exercice**

• Vous avez pu tenir compte de l'**espace** et même y ajouter du **conceptuel** en vous racontant une histoire.

Ainsi, par exemple :
Une **hirondelle** traverse un **nuage** le **19** du mois

• Vous avez pu utiliser l'**espace, sans histoire.**

Ainsi vous avez pu écrire : cabriolet, verre, Carole, 3 ou cabriolet, 48, lunettes, primevère, etc.

Vous avez même pu essayer de redessiner une partie du dessin.

• Vous avez pu utiliser du **conceptuel sans pour autant tenir compte de l'espace.**

– Soit en inventant une histoire :
« **Carole** avec son **cabriolet** est allée cueillir des **primevères** », etc.

– Soit en utilisant l'ordre alphabétique des mots :
<u>ca</u>briolet, <u>Ca</u>role ; <u>nu</u>age ; <u>p</u>oire ; <u>p</u>rimevère (C, N, P)

– Soit en groupant les « objets » par catégorie : nombres, mots, dessin :
• 1, 19, 3
• hirondelle, verre, pomme
• nuage, Carole, cabriolet

– Soit en utilisant la **mnémotechnique classique** en y ajoutant ou non votre **affectif** : « 25 Doubs... c'est là où je suis né. »

– Soit en sélectionnant par votre **affectif** :
« J'aime : lapin, cabriolet, poire. »
« 3, mon chiffre porte-bonheur. »

Après cet exercice, vous allez pouvoir observer si vous avez utilisé le même type de technique que pour l'exercice précédent. Si tel est le cas, vous pouvez commencer à sélectionner votre **moyen mnémotechnique privilégié**.

Si, comme dans l'exercice précédent, vous avez utilisé **plusieurs** de ces techniques, vous confirmerez alors l'idée que **vous n'avez pas de moyen mnémotechnique privilégié**.

■ Résultats du troisième exercice

• Vous avez pu **utiliser l'espace**.

– En divisant l'espace par blocs, vous avez pu écrire :
chariot, gant, banderole, loup, vallée, béret, etc.

– Vous avez pu ajouter une histoire.
« À la **chandelle**, le berger prépare le **fromage** des **cabris** qui vivent dans la montagne de l'**aigle**. »

• Vous avez pu **ne pas tenir compte de l'espace**.

– Vous avez pu utiliser une histoire (sans notion d'espace et compter les formes).
« Dans la **vallée** de l'**aigle**, un berger avec des **bottes**, des **gants** et un **béret**, fait du **fromage** de cabri qu'il va emmener au village avec son **chariot**. »

– Pour les formes, vous avez pu écrire : 5 carrés, 3 étoiles, 3 ronds, 5 triangles

ou encore : 5 (...□...), 3 (...*...), 3 (...○...), 5 (...△...)

ou encore : □ □ □ □ □ * * * ○ ○ ○ △ △ △ △ △

Dans ces derniers exemples, vous avez besoin de **concrétiser matériellement** l'information. Il vous faudra utiliser les images les plus concrètes possible comme moyen mnémotechnique privilégié.

Si vous avez eu des difficultés à mémoriser car le mélange formes et mots vous a gêné, c'est que vous avez du mal à vous adapter à ce qui n'est pas habituel et que la nouveauté vous déstabilise toujours un peu.

■ Résultats du quatrième exercice

• Vous avez utilisé des **moyens mnémotechniques classiques.**

– Par exemple, pour « **tarielle** » et « **pantani** »
vous avez pensé à **Arielle** et **Panzani.**

– Pour « **fellean** »
vous avez utilisé les lettres du nom dans les mots d'une phrase :
Fellean : « **F**éroce **E**st **L**e **L**ion **E**n **A**frique du **N**ord. »

• Ou vous avez utilisé une **correspondance de sonorité.**

Fellean : Fainéant.

• Vous avez utilisé une **caractéristique visuelle** (du visage).

Pour **denko** : (il a des) **den** (ts) **ko**
Pour **ribonais** : (on) **ri**t (de son) **bo**... **nais** (nez).

• Vous avez pu aussi utiliser une **correspondance visuelle et sonore.**

Mme **Pamier** : elle a des cheveux comme les feuilles d'un **palmier.**

Dans ces deux derniers cas, votre moyen mnémotechnique vous permet de bien reconnaître visage et nom, ce qui n'est pas le cas pour les exemples précédents.

■ **Interprétez vos réponses**

Et maintenant faites la synthèse de vos réponses et de ce qu'elles veulent dire.

• **Vous avez effectué tous les exercices dans les temps indiqués.**

Même si vous êtes insatisfait de vos performances de mémoire, vous pouvez être par ailleurs très efficace pour percevoir, analyser, synthétiser les informations de votre environnement.

Il vous faut maintenant prendre conscience des techniques que vous employez quand vous mémorisez facilement.

Il vous suffira alors de les **employer systématiquement** et immédiatement pour améliorer notablement vos performances de mémoire.

Ainsi, si vous avez pris conscience que vous utilisez l'**espace**, c'est-à-dire que vos réponses de mémoire sont toujours plus efficaces quand vous pouvez situer dans le **lieu** ou le **temps** ce que vous devez mémoriser, il vous faut **systématiquement** trouver une façon d'utiliser ce moyen mnémotechnique.

Autre exemple : si vous utilisez des histoires lorsque vous mémorisez facilement, il vous faudra systématiquement inventer des scénarios, même s'ils doivent être imaginaires ou complètement farfelus.

• **Vous avez effectué ces exercices mais sans respecter les temps indiqués.**

Vous avez une efficacité cognitive mais **vous manquez de rapidité mentale** ; c'est-à-dire que vous êtes vraisemblablement capable de bien percevoir l'information, de l'analyser et de la structurer, mais très souvent il vous arrive de ne pouvoir en faire état au moment où il le faudrait... et, pour vous, il est toujours trop tard ! Vous allez devoir vous entraîner à réagir plus vite car l'information autour de vous, quelle qu'elle soit, circule rapidement et il convient de la saisir au moment où elle se présente.

• **Vous avez rencontré des difficultés pour réussir ces exercices.**

Sans doute, d'une façon générale, au quotidien, avez-vous des difficultés à bien écouter et à bien regarder, peut-être êtes-vous un(e) grand(e) distrait(e) ! Peut-être est-ce un réel problème d'attention, ou d'efficacité sensorielle (œil, oreille), ou un manque de technique de lecture ou d'écoute.

Vous pouvez aussi avoir des difficultés à synthétiser l'information, à organiser vos réponses, à comprendre les consignes.
Quelquefois, peut-être, vous a-t-on dit que vous aviez des difficultés à comprendre les autres et à entrer dans leur raisonnement logique... Si tel est votre cas, sans doute auriez-vous intérêt à acquérir de nouveaux modes de perception, d'analyse, de synthèse et de communication.

Plus vous vous entraînerez à réagir vite et dans la sérénité et plus vous gagnerez en assurance et en confiance en vous-même.

D'une façon générale, **entraînez le plus souvent possible votre mémoire au quotidien.** Qu'il s'agisse de rendez-vous, de courses à faire, de numéros de téléphone ou de codes d'entrée, essayez de les mémoriser, de vous les redire mentalement avant de vous précipiter sur votre agenda. Mémorisez, essayez de vous souvenir, puis seulement après écrivez. Ainsi vous continuerez à faire travailler votre mémoire sans anxiété, sans peur d'oublier, puisque, de toute façon, vous aurez noté.

Entraînez votre vivacité mentale en essayant toujours d'aller vite, mais prenez le temps pour aller vite.
Faites attention, regardez bien, écoutez bien, ensuite essayez de réagir vite pour votre réponse.

Variez vos activités intellectuelles : Scrabble, jeux de dames, d'échecs, de bridge ou tout autre jeu de cartes (parmi les plus connus, on peut en compter 72 différents !), divers jeux artistiques télévisés, mots croisés et autres.

Pensez aussi aux activités sportives et de **bricolage** qui peuvent développer vos capacités de relaxation mais aussi d'attention, d'adresse, voire de créativité.

Diversifiez vos loisirs : n'hésitez pas à vous inscrire dans des activités inhabituelles pour vous ; n'ayez pas peur de la nouveauté ; au contraire, elle aiguisera votre

curiosité, votre capacité d'attention et vous fera peut-être découvrir des aptitudes jusque-là insoupçonnées.

Il vous faudra enfin respecter un certain nombre de principes de base ou règles d'or et de techniques d'apprentissage.
Il va vous falloir oublier la plupart de vos anciennes habitudes de mémorisation. Adopter un ensemble de nouvelles techniques et surtout adopter de nouvelles attitudes mentales.

Les cinq règles d'or d'une mémoire efficace

■ Première règle d'or : vous donner le temps de mémoriser

Avant tout, il vous faut prendre en compte le temps nécessaire pour entrer et fixer ce que vous voulez mémoriser mais il vous faut aussi prendre en compte le temps durant lequel vous voulez vous souvenir de ce que vous avez mémorisé.

Le temps pour mémoriser

– Lorsque vous voulez **mémoriser immédiatement** le prénom et le nom de quelqu'un, vous devez d'abord l'entrer puis le fixer en mémoire ; vous savez maintenant que la machine cérébrale va subir un certain nombre de modifications physiologiques pour assurer cette activité[1].

– En **mémoire à long terme**, vous savez aussi maintenant que la constitution du souvenir et son stockage demandent plus de réactions neurobiologiques et chimiques[2] que le processus de mémorisation immédiate : il vous faudra donc vous accorder plus de temps pour mémoriser facilement et surtout savoir revenir plusieurs fois sur l'information initiale, c'est-à-dire savoir réviser.

Il faut donc que vous **sachiez consciemment apprécier le temps** qui s'écoule.

Prenons un exemple : vous devez vous souvenir, en mémoire immédiate, d'un prénom et d'un nom. Or,

---

1 et 2. Souvenez-vous de la deuxième partie de cet ouvrage.

d'après une évaluation que nous avons réalisée sur 326 personnes d'une moyenne d'âge de 55 ans, nous avons trouvé qu'il fallait, pour plus de 80 % d'entre elles, de **vingt-cinq à trente secondes** pour mémoriser avec fiabilité prénom et nom. Vraisemblablement est-ce aussi votre cas...

Alors savez-vous estimer un temps de trente secondes ?

Faites partir un chronomètre et fermez les yeux. Ne comptez pas intérieurement ; n'écoutez pas les battements de votre cœur ou de votre pouls ; essayez seulement de penser au temps qui passe et ouvrez les yeux lorsque vous pensez que les trente secondes se sont écoulées... Regardez alors votre chronomètre.

Peut-être constaterez-vous que seulement dix à quinze secondes se sont écoulées ! Comme plus de 40 % des personnes testées !

Il faudra alors vous dire que naturellement vous vous donnez à peine la moitié du temps qu'il vous faut pour avoir une chance de mémoriser !

Dès maintenant, prenez la résolution de revenir deux fois sur ce dont vous voulez vraiment vous souvenir.

■ **Deuxième règle d'or : bien percevoir ce dont vous voulez vous souvenir**

D'abord entrer ce dont vous voulez vous souvenir ultérieurement.

Prenons un exemple : vous voulez vous souvenir du nom de quelqu'un.

Il vous faut entrer consciemment le nom et non pas vous laisser aller au plaisir de la conversation, remarquer les beaux yeux bleus ou encore penser que vous êtes chez vos amis Labordes... Sinon, même quelques instants après, vous vous direz : « Ah, ce jeune homme ; il est charmant, spirituel et il a des yeux d'un bleu ! Au fait, comment m'a-t-il dit se nommer ? »... Impossible de vous en souvenir.

Et c'est normal ! À aucun moment, vous n'avez entré en mémoire le nom qu'il vous a dit en se présentant, le nom ne peut donc pas ressortir.

> Votre cerveau doit absolument
> entrer et fixer
> ce que vous voulez ressortir
> ultérieurement.

Également faire attention à l'exactitude de l'information que vous entrez.

Surveillez donc très régulièrement l'**efficacité de vos entrées sensorielles** (vue, audition, mais aussi odorat, goût) et soyez attentif à ce que vous lisez ou entendez... N'inventez pas, n'interprétez pas ce qui est dit, ne laissez pas vagabonder votre imagination...

> Vous devez percevoir fidèlement
> ce que vous désirez ressortir
> plus tard exactement.

■ **Troisième règle d'or : savoir mémoriser en trois temps**

Une mémoire fiable est une mémoire qui se construit
en trois temps.
– Premier temps : il faut entrer.
– Deuxième temps : il faut fixer mentalement.
– Troisième temps : il faut renforcer en vérifiant.

■ **Quatrième règle d'or : fixer, renforcer et ressortir toujours
dans le même ordre**

Il ne faut jamais extirper de son contexte un élément
appris dans un ensemble, comme par exemple un vers
de poème ; il faut réapprendre là où il était placé. En effet,
souvenez-vous que tout souvenir, quelque part dans
votre cerveau, prend une consistance neurochimique et
qu'il faut donc la renforcer toujours de la même façon.
En fait, la mémorisation d'un ensemble de dessins, de
mots, de nombres, d'une succession d'événements, peut
être comparée à un château de cartes que l'on construit
peu à peu… Si vous décidez de prendre l'une des cartes
déjà posées pour continuer la construction, vous verrez
qu'une partie du château s'écroule. Pour réussir le château de cartes, il faut le construire au fur et à mesure
en ne touchant absolument pas à ce qui a déjà été
construit.

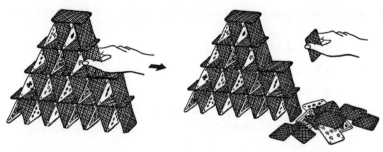

On prend n'importe où
une carte pour la placer dessus.

Une partie du château s'écroule.

On continue à construire mais une partie
a été détruite.

■ **Cinquième règle d'or : pour mémoriser à long terme, il faut réviser**

Au départ, c'est la même méthode : vous devez, comme en mémorisation immédiate, **entrer** et **fixer** et **conforter** ce dont vous voulez vous souvenir.

Il faudra ensuite renforcer le souvenir au cours du temps, c'est-à-dire **réviser**.

Et maintenant passons à l'application de ces règles d'or.

Comment mémoriser ce que nous voyons ?

Regardez bien cet ensemble de dessins :
Pour réussir à mémoriser plus de 12 dessins, voire les 18, en **moins d'une minute trente**, appliquez le mode **trois temps.**

■ **Premier temps : il vous faut entrer**

Sachez utiliser votre **moyen mnémotechnique le plus efficace** et celui que vous employez **le plus spontanément**. C'est-à-dire celui que vous avez découvert au travers des exercices du chapitre précédent : utilisation de l'espace, d'histoires imagées ou non, de stratégies logiques conceptuelles ou non...
Puis vous allez ajouter **deux techniques d'apprentissage.**

– Première technique : divisez la difficulté

Ainsi, regroupez les dessins en blocs en choisissant 4 ou 5 dessins au plus qui sont proches les uns des autres… Vous obtiendrez 4 blocs.

Ainsi, vous obtiendrez par exemple :

– Deuxième technique : associez

Pour chaque bloc, construisez une histoire qui relie chacun des dessins.

Par exemple :

J'ai pris ma **canne** et mis ma **veste** pour aller jouer de la **mandoline** sous un lustre dont les **ampoules** sont en forme de **fraises**.

Au cirque j'ai vu un **éléphant** avec des **chaussures** qui chassait avec sa trompe un **papillon** et buvait dans un **bol** du lait de **poule**.

Pour aller voir au parc les **cygnes** et les **cerfs**, il a quitté sa **chaise** et pris sa **bicyclette**.

La **petite fille**, après s'être coiffée avec une **brosse**, a été à la **fontaine** chercher de l'eau pour ses **tulipes**.

En faisant cela, vous avez d'abord **divisé votre effort de mémoire** par quatre ; en effet, l'effort de mémoire porte surtout sur le dessin clé de l'histoire (la mandoline, l'éléphant, le cygne, la petite fille) car les autres dessins, tels les wagons accrochés à une locomotive, suivent logiquement et naturellement.

Vous avez aussi, pour chaque groupe de dessins, construit un **tableau-histoire**.
En faisant cela, vous avez appliqué un **principe associatif**, classiquement utilisé en mémorisation. Ainsi

quand vous associez dessins, mots par thème (les vête-
ments, les fruits, les animaux, etc., ensemble), vous
appliquez aussi un principe associatif... Mais, utilisé de
la sorte par thèmes, ce principe se révèle seulement un
moyen mnémotechnique qui n'est pas toujours facile à
utiliser ; et qui, de toute façon, ne vous empêche pas,
pour autant, d'oublier tel ou tel mot ou dessin d'une
même catégorie. En fait, l'efficacité supérieure du **principe associatif utilisé dans le contexte d'une histoire**
est que chaque mot ou dessin devient le **maillon** d'une
histoire qu'il est difficile d'oublier car, sans lui, l'histoire
ne peut plus être racontée.
Enfin, vous avez imagé l'histoire sous forme d'un
tableau ou d'une petite scène de théâtre. Sachez que
l'histoire peut être très simple, complètement imagi-
naire et sans aucune logique.
Peut-être aussi n'avez-vous pas d'imagination... Alors
contentez-vous de bien revoir chaque dessin dans votre
tête et imaginez-les les uns sur les autres comme une
décalcomanie, ce qui vous permettra de les associer
entre eux.

■ Deuxième temps : il vous faut fixer

Ne regardez plus les dessins et, dans votre tête, essayez
de les revoir comme vous les avez associés ; vous ferez
ainsi une **image mentale**.
Si vous ne vous souvenez plus d'un tableau-histoire,
vous pouvez regarder, mais seulement celui-là ; puis,
aussitôt après, vous essayez de nouveau de le revoir
dans votre tête.
Vous devez réussir à **revoir mentalement** les 4 tableaux-
histoires.

En faisant cela, vous faites travailler vos processus de mémorisation et vous contribuez à renforcer, par cette répétition, la trace mnésique, d'autant plus efficacement que vous respecterez toujours **le même ordre de succession** entre les différentes histoires.

■ **Troisième temps : il vous faut conforter**

Vous allez de nouveau regarder les dessins toujours dans le même ordre en pensant, à chaque fois, au tableau-histoire que vous aviez fait, afin, comme précédemment, de renforcer la trace mnésique déjà imprimée.

Et maintenant fermez le livre et redonnez par écrit le maximum de dessins par tableau-histoire.
Il est important de **ressortir comme vous avez entré.**
Si vous avez bien respecté les consignes, **vous devez obtenir un score égal ou supérieur à 12 dessins.**

Comment mémoriser ce que nous entendons ?

Vous allez employer la même méthode de mémorisation que précédemment.

Il vous faudra seulement ajouter une **nouvelle attitude mentale** : vous devrez entrer l'information **au fur et à mesure** que vous l'entendez et, ainsi, bien rester en phase avec ce que vous entendez. Il ne faudra **jamais revenir en arrière**.

De même, en cours de mémorisation, il ne faudra jamais vous dire : « Au fait, tout à l'heure, c'était… » ou encore faire des commentaires, comme : « C'est difficile, comment vais-je faire… », « C'est trop long… C'est inexact… », etc.

En faisant cela, vous perdez du temps avec ces états d'âme et surtout vous perdez le fil de ce qui est dit.

■ **Se souvenir d'une liste de mots entendue**

Faites-vous lire la liste[1] ci-dessous par quelqu'un (un mot par seconde) ou enregistrez-la sur un magnétophone et écoutez-la quelques instants après.

Orange	Menton	Toilette
Fauteuil	Rivage	Insecte
Crapaud	Savon	Marmite
Bouchon	Hôtel	Soldat
Voiture	Cheval	Serrure

---

1. Liste des 15 mots de Rey.

– Premier temps : il vous faut entrer

Écoutez en faisant des **images au fur et à mesure,** et en **divisant,** c'est-à-dire en les associant deux à deux dans une saynète-histoire et voyez-vous **tirer un trait** comme un tiroir que vous fermeriez.
Essayez.

Pour plus d'efficacité encore, faites votre image comme un tableau en **clair-obscur,** en mettant donc en évidence, **plus contrasté,** ce dont vous voulez vous souvenir, ici le **fauteuil** et l'**orange,** et en racontant une histoire.

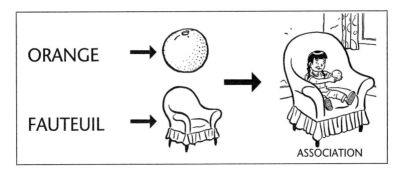

ORANGE

FAUTEUIL

ASSOCIATION

Après chaque association d'images, l'histoire doit venir spontanément ; si tel n'est pas le cas, faites seulement 2 images que vous superposez l'une sur l'autre comme par décalcomanie… Et n'oubliez pas : l'image d'un nombre, ce sont ses chiffres : ne voyez pas « vingt » mais « 20 »…

Cependant il est préférable que vous vous entraîniez à la technique de visualisation… **N'oubliez pas qu'une image est toujours plus forte qu'un son.** Vous verrez que l'image vous protégera contre les interférences de l'environnement et vous permettra d'avoir une mémoire fidèle et efficace en dépit de circonstances parfois perturbatrices.

Par exemple : vous pouvez situer la scène et penser à vous, petite fille, mangeant une orange dans le fauteuil crapaud (a). Puis vous pouvez vous imaginer porter l'orange à la bouche (b) et avoir la larme à l'œil à cause de son amertume (c).

a.   b.   c.

Plus l'association vous semble difficile à retenir, plus vous devez **l'enrichir de détails** en utilisant **votre moyen mnémotechnique le plus efficace**.
En fait, vous imprimez ainsi très rapidement fauteuil et orange **4 fois** dans votre cerveau[1] (une fois dans la zone occipitale ; une fois dans la zone temporale ; une fois dans la zone pariétale ; une fois dans la zone fronto-temporale). **Vous avez donc multiplié par 4 vos chances de vous en souvenir.**

---

1. Voir figure 11, page 56.

– Deuxième temps : fixer

– Troisième temps : conforter

Pour cela, repenser rapidement 2 fois à votre tableau-histoire, comme pour vous en persuader.

Agissez de même pour la suite de la liste.

Crapaud Bouchon		Vous pouvez penser à un crapaud qui a trouvé un bouchon.
Voiture Menton		Vous allez en voiture à Menton.
Rivage Savon		Sur un rivage, il y avait comme des bulles de savon.
Hôtel Cheval		Vous êtes descendu à l'hôtel du Cheval blanc.
Toilette Insecte		Pouah !... Il y avait des insectes dans les toilettes.
Marmite Soldat		Vous pensez à la marmite du soldat, le poilu de 1914.
Serrure		Vous fermez la liste en mettant la clé dans la serrure.

Et maintenant éteignez le magnétophone et essayez de réécrire le maximum de mots dont vous vous souvenez. Si vous avez strictement appliqué la méthode vous pouvez obtenir de 11 à 13 mots dès la première écoute.

Peut-être n'arriverez-vous pas immédiatement à ce score. En fait, celui-ci va dépendre de votre discipline à appliquer la méthode et de votre aptitude à la visualisation. Vous pouvez alors décider de vous entraîner jusqu'à 100 % de réussite ; il vous faut alors respecter certaines règles d'apprentissage au cours des essais que vous allez vous accorder (en principe, trois essais devraient vous suffire, si vous n'avez pas de problème cérébral particulier).

Pour chaque essai, vous devez réappliquer la méthode exactement comme vous l'avez déjà fait pour le premier essai.

Il vous faut reprendre **depuis le début** et toujours dans le **même ordre** : du premier au suivant et en associant 2 par 2 avec vos tableaux-histoires.

Si vous ne vous souvenez plus d'une histoire, faites-en une autre. **Ne revenez jamais en arrière.**

En effet, si vous ne respectez pas cette règle de base, vous constaterez qu'au cours des essais vous retrouverez certains mots nouveaux, mais vous en perdrez certains que vous aviez appris précédemment… Et ainsi vous mettrez beaucoup plus de temps à apprendre la liste !

Il faudra ensuite renforcer le souvenir au cours du temps, c'est-à-dire **réviser** (cinquième règle d'or).

■ Apprendre à mémoriser une chanson

• **Première étape :** vous allez lire une première fois, attentivement, le texte ; c'est l'étape de **perception** où, en fonction de l'histoire, vous allez **diviser** en tirant des traits.

Premier bloc :

Aux marches du palais *(bis)*
Y' a une tant belle fille, lon, la
Y' a une tant belle fille.

Deuxième bloc :

Elle a tant d'amoureux *(bis)*
Qu'elle ne sait lequel prendre, lon, la
Qu'elle ne sait lequel prendre.

Troisième bloc :

C'est un petit cordonnier *(bis)*
qu'a eu la préférence *(bis)*
Et c'est en la chaussant *(bis)*
Qu'il fit sa confidence *(bis)*

Quatrième bloc :

« La bell' si tu voulais *(bis)*
Nous dormirions ensemble *(bis)*
Dans un grand lit carré *(bis)*
Parfumé de lavande *(bis)*
Aux quatre coins du lit *(bis)*
Un bouquet de pervenches *(bis)*

Cinquième bloc :

Dans le mitan du lit *(bis)*
La rivière est profonde *(bis)*
Tous les chevaux du roi *(bis)*
Pourraient y boire ensemble *(bis)*

Sixième bloc :

La bell' si tu voulais *(bis)*
Nous dormirions ensemble *(bis)*
Et nous serions heureux *(bis)*
Jusqu'à la fin du monde, lon, la *(bis)*. »

• **Deuxième étape** : vous allez **mémoriser en trois temps** (troisième règle d'or) et vous allez le faire bloc à bloc.

Premier bloc :
Aux marches du palais *(bis)*
Y' a une tant belle fille, lon, la
Y' a une tant belle fille.

– Vous **entrez** en visualisant.
– Vous **fixez** : sans regarder, vous redites les vers en voyant l'image dans votre tête.
– **S'il y a des erreurs** : vous réentrez et vous refixez encore et cela jusqu'au sans-faute.
– **S'il n'y a pas d'erreur** : vous relisez une fois et vous enclenchez le deuxième bloc.

Le premier bloc de vers est en quelque sorte la **locomotive du train** ; vous allez ainsi accrocher les **wagons** les uns après les autres et cela jusqu'à la fin du texte de la chanson, en reprenant toujours de la locomotive et en poursuivant wagon par wagon : **il vous faut toujours réviser dans le même ordre** (quatrième règle d'or), en commençant par le début.

Premier bloc :
Aux marches du palais *(bis)*
Y' a une tant belle fille, lon, la
Y' a une tant belle fille.

Deuxième bloc :
Elle a tant d'amoureux *(bis)*
Qu'elle ne sait lequel prendre, lon, la
Qu'elle ne sait lequel prendre.

Troisième bloc :

C'est un petit cordonnier *(bis)*
qu'a eu la préférence *(bis)*
Et c'est en la chaussant *(bis)*
Qu'il fit sa confidence *(bis)*

Quatrième bloc :

« La bell' si tu voulais *(bis)*
Nous dormirions ensemble *(bis)*
Dans un grand lit carré *(bis)*
Parfumé de lavande *(bis)*
Aux quatre coins du lit *(bis)*
Un bouquet de pervenches *(bis)*

Cinquième bloc :

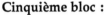

Dans le mitan du lit *(bis)*
La rivière est profonde *(bis)*
Tous les chevaux du roi *(bis)*
Pourraient y boire ensemble *(bis)*

Sixième bloc :
La bell' si tu voulais *(bis)*
Nous dormirions ensemble *(bis)*
Et nous serions heureux *(bis)*
Jusqu'à la fin du monde, lon, la *(bis).* »

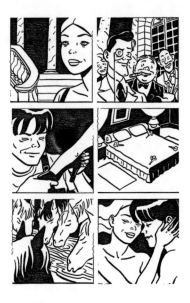

• **Fermez alors le livre et essayez d'écrire le texte.**

Deux cas peuvent alors se présenter : soit vous n'avez fait aucune faute, soit vous avez fait des erreurs.

Si vous n'avez fait aucune faute : vous relisez une fois l'ensemble du texte, toujours en pensant à vos images, puis vous n'y pensez plus.

Si vous avez fait des erreurs : vous réapprenez le texte depuis le début mais cette fois en un seul bloc et toujours en respectant les trois temps de la mémorisation. Vous recommencez jusqu'à ce que vous le chantiez sans faute.

Vous pouvez aussi dès le commencement décider de ne mémoriser que les trois premières strophes ; dans ce cas, le lendemain, il faudra d'abord vous réciter ces trois premières strophes puis enchaîner à la suite la quatrième, et ainsi de suite.

• **Attention, si vous ne renforcez pas**, en d'autres termes, si vous ne révisez pas, vous allez oublier.

Le nombre de renforcements pour se souvenir très longtemps en ne révisant plus n'est pas le même pour tous car il dépend du niveau d'entraînement de la mémoire de chacun. En tout état de cause, prenez l'habitude de réviser le lendemain, 2 jours après, et ensuite à votre rythme selon les oublis que vous constaterez.

Vous utiliserez cette méthode de mémorisation à long terme toutes les fois que vous voudrez, pour votre culture personnelle, vous souvenir de quelque chose, soit pour votre seul plaisir, soit pour le partager avec vos amis ou votre famille.

Veste + canne, mandoline, ampoule
fraise

cygne, cerf, cloison, vélo

éléphant, soulier, papillon, bol, poule

fillette, brosse, tulipe, fontaine

orange, fauteuil, crapaud, bouche, ciseau
menton, nicoté, savon, Nobel Cheval
toilette, écuelle, marteau, soldat, fer

23/12/98

lu un louise Ouellette
Beaucoup de la Page

Bonjour,

Je voudrais vous demander
de changer le compte de banque

■

QUATRIÈME PARTIE

Techniques de mémorisation utiles dans la vie de tous les jours

■

■ Comment retenir, sans le noter, un code d'entrée ?

Au téléphone, vos amis vous indiquent le nouveau code d'entrée de leur porte (1BOA9) et vous n'avez rien pour le noter… Mais vous avez de la chance : leur tableau de code, comme beaucoup, ressemble au clavier du téléphone ; il vous suffit donc pour l'entrée de visualiser le code sur le clavier du téléphone.

Puis, vous pouvez aussi faciliter cette entrée en mémoire : vous pouvez le faire avec votre doigt en effleurant les touches.

1	2	3
4	5	6
7	8	9
A	O	B

Vous pouvez ajouter une visualisation dans l'espace : 1 et en diagonale B puis à l'horizontale BOA et triangle (BA9).

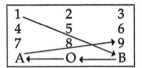

Enfin vous pourriez ajouter un moyen mnémotechnique verbal en imaginant 1 « boa » « neuf » autour de votre cou !

Là encore, choisissez votre meilleur moyen mnémotechnique, que vous avez identifié précédemment.

Puis **mémorisez en trois temps** et vérifiez auprès de vos
amis : avant de raccrocher, dites-leur : « Tu m'as bien
dit : 1 BOA 9 pour le code ? »

■ Comment se souvenir d'un numéro de téléphone ?

Vous pouvez également utiliser une méthode de visualisation pour vous souvenir des numéros de téléphone.
Dès l'entrée : pensez à diviser par blocs de 2 chiffres.
Vous pouvez utiliser les numéros des départements
comme moyen mnémotechnique, s'ils vous sont fami-
liers, mais pensez alors à visualiser sur une carte de
France.

Vous pouvez aussi vous visualiser appuyant sur les touches
du cadran, car, quel que soit le
téléphone, les chiffres sont toujours disposés de la même
façon.
En appuyant sur les différentes
touches, vous dessinez un cer-
tain trajet qu'il est facile de mémoriser.
Par exemple, pour le 01 23 35 59 90, on voit apparaître
un M renversé sur le côté.

Et, bien évidemment, vous **mémorisez en trois temps**
(troisième règle d'or) et vous **vérifiez.**

■ Comment mettre un nom sur un visage ?

Vous aimeriez vous souvenir des visages et des noms. Premier conseil : écrivez mentalement le nom de la personne sur son visage et pensez surtout, comme nous l'avons déjà vu, à entrer le nom en utilisant toujours la même méthode.

Si vous voulez reconnaître la personne, il vous faut aussi entrer son visage, mais sans vous perdre dans les détails.
En fait, établissez une sorte de portrait-robot :

a) Regardez l'**allure générale** du visage
   Sa forme
   – carré ?
   – rond ?
   – anguleux ?
   – avec des pommettes saillantes ?
   – ovale ?

   Sa couleur de peau
   – claire ?
   – bronzée ?
   – de couleur ?

b) Regardez les **yeux**
   Leur forme
   – petits ou grands ?
   – classiques, ronds ou en amande ?

   Leur couleur
   – claire ou sombre ?

c) Regardez le **nez**
   – classique ?

– petit ou long ?
– fin ou large ?

d) Regardez la **bouche**
  – petite ou grande ?
  – mince, charnue ?
  – dissymétrique (une lèvre plus mince que l'autre) ?

e) Y a-t-il une **particularité** ?
  – un grain de beauté ?
  – un nez « épaté » ?
  – une expression du regard ou de la bouche ?

Voyons un exemple

1. Entrez
– visage anguleux, pommettes hautes, peau claire
– yeux petits en amande et clairs
– nez classique et fin
– bouche classique et mince.

2. Mémorisez en trois temps (troisième règle d'or).

3. Vérifiez.

À vous d'essayer ; vous verrez qu'avec de l'entraînement et en procédant toujours dans le même ordre pour votre portrait-robot vous irez de plus en plus vite pour mémoriser le visage et vous pourrez donc vous consacrer pleinement à la mémorisation du nom que vous devez imaginer écrire sur les yeux de la personne… Ainsi, peu importe qu'elle change de tenue ou même de coiffure !

■ Comment se souvenir d'un bulletin d'informations radio, d'un article de presse ou d'un livre ?

Retenir un fait divers

« **Robert** sauta dans sa voiture et démarra très rapidement. Il était poursuivi par **Amalia** la brune. Il fallait à tout prix qu'il prévienne, à **Rome, Bernardo** et **Raphaël,** les **frères** de celle-ci, avant que **Sarah** ne s'aperçoive de sa disparition. À **15 h 10, Benjamin,** son meilleur ami, allait revenir de **Pise.** Il lui restait exactement **une heure vingt minutes.** Rien n'était encore joué[1]. »

Mémorisez en trois temps (troisième règle d'or) comme s'il s'agissait d'une bande dessinée.

– Premier temps : vous écoutez en imaginant au fur et à mesure.
– Deuxième temps : vous essayez de revoir dans votre tête la bande dessinée.
– Troisième temps : vous imaginez à nouveau la bande dessinée en respectant bien l'**ordre du discours.** Vous fermez le livre et vous essayez d'écrire l'histoire.

---

1. *Gym Cerveau pour tous,* vidéocassette, Film office.

Retenir un article spécialisé

Essayez de vous souvenir d'un article sur l'une des Sept Merveilles du monde, le colosse de Rhodes.

Plus ce dont vous voulez vous souvenir est important en quantité ou inhabituel pour vous, plus vous devrez choisir ce dont vous voulez vous souvenir.

> On pouvait voir ce bronze à l'entrée du port de Rhodes ; il faisait 30 mètres et représentait le dieu grec Hélios ; construit en 280 av. J.-C., il a été détruit cinquante-cinq ans après sa construction.

Appliquez la méthode pour apprendre une première fois :
1. Entrée par blocs avec visualisation.
2. Mémorisation en trois temps (troisième règle d'or).
3. Vérification.

Puis, pour vous souvenir longtemps, n'oubliez pas de respecter votre programme de révision.

Se souvenir d'un roman pour pouvoir en parler plus tard

Vous devrez vous faire une fiche de lecture où vous noterez seulement ce que vous ne pourriez pas deviner.

Ainsi, vous noterez :
– le titre du livre ;
– le nom de l'éditeur et la date ;
– le nom de l'auteur ;
– les points essentiels de l'histoire
      • le nom des personnages ;
      • les étapes charnières de l'histoire ;
      • le lieu et l'époque.

Vous allez voir qu'il vous suffit généralement de vous souvenir seulement d'une vingtaine de points essentiels pour pouvoir en parler honorablement.
Et, pour vous en souvenir longtemps, vous révisez dans le temps.

■ Comment se souvenir d'un rendez-vous ?

• Au téléphone, vous êtes prévenu(e) que vous devez rencontrer, à la mairie, une jeune avocate, blonde, à l'accent danois, qui s'appelle Mme Javara, et vous n'avez rien pour noter !

Appliquez la méthode. D'abord prenez au fur et à mesure, point par point, l'information et :

1) **Visualisez**
– À la mairie (vous vous y voyez).
– Une avocate blonde (vous voyez une blonde en robe d'avocat).
– À l'accent danois (vous voyez à côté d'elle la petite sirène de Copenhague).
– Elle se nomme Javara ; vous ajoutez le nom en écrivant mentalement Java et Ra : vous voyez l'île de Java où il y a un rat ! Vous pouvez imaginer autre chose... à votre fantaisie !

2) **Mémorisez en trois temps** (troisième règle d'or).

3) **Vérifiez**, si possible, en demandant : « Vous m'avez dit : à la mairie, une avocate blonde, à l'accent danois, Mme Javara... Très bien ; j'y serai. »

• Autre exemple : vous avez pris rendez-vous par téléphone chez un nouveau coiffeur et vous voulez vous souvenir de la date, de l'heure et de l'adresse : mardi 15, 12 h 30, 10, rue des Pyramides dans le Ier arrondissement.

1) **Entrez** en divisant et en **visualisant**.
– Imaginez-vous coiffée.
– Derrière vous, vous voyez en Égypte 10 pyramides avec 1 chameau et vous vous imaginez placer cette image sur votre agenda à mardi 15 et une montre marque 12 h 30...

2) **Mémoriser en trois temps**, puis **vérifier** ; vous m'avez bien dit : « Mardi 15, 12 h 30, 10, rue des Pyramides dans le Ier... C'est bien, je vous remercie, j'y serai »
... et vous notez sur votre agenda.
Ainsi vous avez entraîné votre mémoire immédiate sans risque !

■ Comment retenir une liste de courses ?

Par exemple :
Pain grillé
400 g de bifteck
1 kg d'endives
250 g de beurre
4 tomates
1 kg de pommes
cantal
1 pack de yaourts
1 salade
1 bocal de cornichons
4 tranches de jambon
confiture de griottes
1 pack de lessive
3 ampoules de 75 watts

Appliquez la méthode.

1) Vous allez **entrer en divisant** ; ainsi vous allez répartir les courses en fonction des différents repas de la journée :

– Petit déjeuner   Pain grillé
250 g de beurre
confiture de griottes

– Déjeuner   4 tomates
400 g de bifteck
1 kg d'endives
cantal
1 kg de pommes

– Dîner   1 salade
4 tranches de jambon
1 bocal de cornichons
1 pack de yaourts

Et enfin, après cette journée, le pack de lessive, et il faut y voir clair, donc, les trois ampoules de 75 watts.

2) Puis **vous mémorisez en trois temps** (troisième règle d'or) et vous **vérifiez** en écrivant la liste de mémoire.

S'il n'y a aucune erreur, vous relisez une fois puis vous placez la liste dans votre sac.

Vous essayez de faire vos courses sans regarder la liste et, avant de régler à la caisse du magasin, vous vérifiez que vous n'avez rien oublié.

Vous aurez ainsi fait travailler votre mémoire… et sans risque !

■ Comment se souvenir d'un trajet de courses ?

1) Vous allez **entrer** le trajet :

Premier bloc : Vous vous imaginez en train de sortir du HLM, passer chez l'épicier pour acheter des barres de céréales à votre petite fille, la déposer à l'école, passer chez le coiffeur et vous arrêter chez le boucher pour acheter les biftecks du déjeuner avant de rentrer chez vous.

Deuxième bloc : Vous sortez du HLM, vous passez au bar-tabac acheter une revue que vous allez lire au parc Royal et plus précisément près de l'étang des Cygnes.

Troisième bloc : Il sera encore temps ensuite de passer à la banque prendre de l'argent, poster une lettre, prendre votre montre chez l'horloger et déposer un document à la mairie avant de rentrer chez vous.

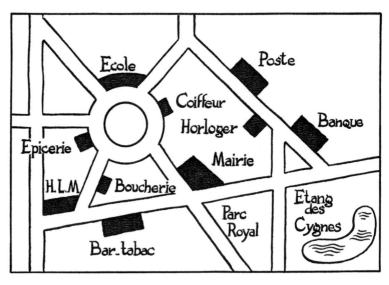

2) Vous allez ensuite **mémoriser en trois temps** (troisième règle d'or) et **vérifier** en notant de mémoire les différentes étapes de votre journée.

Au terme de cette dernière partie, vous avez le mode d'emploi pour mémoriser en immédiat et à long terme efficacement et facilement... Encore faut-il que vous respectiez bien les consignes d'emploi de la méthode. Soyez discipliné, entraînez-vous le plus souvent possible à mémoriser dans toutes les occasions de votre vie quotidienne.

Mémorisez d'abord, notez ensuite.

Et vous redécouvrirez l'efficacité de votre mémoire et pour longtemps.

REMERCIEMENTS

■

À l'écriture du dernier point de cet ouvrage, je voudrais remercier pour leur patiente et souriante collaboration : Dominique, mon assistante, pour son œil critique, sans oublier Hervé pour son soutien affectueux et sa maîtrise de l'ordinateur…

Je voudrais aussi remercier le professeur Christian Dérouesné pour avoir accepté la rédaction de la préface et pour l'amitié et l'estime qu'il me témoigne depuis près de douze ans.

BIBLIOGRAPHIE

■

BADDELY A., *La Mémoire humaine*, Presses universitaires Grenoble, 1993.

BOURRE J.-M., *La Diététique de la performance*, Odile Jacob, 1995.

DEBRAY R., *Apprendre à penser, Le Programme de Feverstein R.*, Eshel, 1989.

DELACOUR J., *Neurobiologie de l'apprentissage*, Masson, 1978.

DÉROUESNÉ C., *Vivre avec sa mémoire*, Éditions du Rocher, 1996.

FLORES César, *La Mémoire*, P.U.F., 1972.

FRAISSE P. et PIAGET J., *Traité de psychologie expérimentale, apprentissage et mémoire*, P.U.F., 1964.

GUILLAUME P, *Manuel de psychologie*, P.U.F., 1974.

KERTESZ Andrew, « Localization and Neuroimaging », in *Neuropsychology*, Academic Press Inc., 1994.

LAWSON CHESTER A., *Les Mécanismes du cerveau humain et l'apprentissage*, E.S.F., 1971.

LE PONCIN M., « Modifications concomitantes hémodynamiques et métaboliques lors d'apprentissages en situations pathologiques ou non », doctorat d'État ès sciences, université Paris-VII, 1982.

LIEURY A., *La Mémoire*, P. Mardaga, 1992.

MARKOWITCH HANS J., *Intellectual Functions and the Brain*, Hogrefe et Uler, 1992.

ROBERT S. M., *Comprendre notre cerveau*, Le Seuil, 1982.

ROSENFIELD I., *L'Invention de la mémoire*, Eshel, 1989.

TATCHER et COLL ROBERT W., *Functional Neuroimaging*, Academic Press Inc., 1994.

VAN DER LINDEN M., HUPET M., *Le Vieillissement cognitif*, P.U.F., 1994.

WALFORD Roy, *Un régime de longue vie*, Robert Laffont, 1987.

WILLIAMS L. V., *Deux Cerveaux pour apprendre*, Éditions de l'Organisation,1986.

ZAVIALOFF et COLL N., *La Mémoire*, L'Harmattan, 1989.

Pour ceux qui veulent en savoir plus :
Dérouesné C., *Vivre avec sa mémoire*, Éditions du Rocher, 1996.

TABLE DES MATIÈRES

■

PREMIÈRE PARTIE
Faites le point de votre mémoire

DEUXIÈME PARTIE
La mémoire, mode de fonctionnement

TROISIÈME PARTIE
Améliorer sa mémoire est à la portée de tous

La composition de cet ouvrage
a été réalisée par I.G.S.-Charente Photogravure,
l'impression et le brochage ont été effectués
sur presse Cameron dans les ateliers de
Bussière Camedan Imprimeries
à Saint-Amand-Montrond (Cher),
pour le compte des Éditions Albin Michel.

Achevé d'imprimer en avril 1998.
N° d'édition : 16833. N° d'impression : 982012/4.
Dépôt légal : avril 1998.